LES DOSSIERS HACHETTE

Les Temps modernes

— Cycle 3 —

JEAN-MICHEL LAMBIN
AGRÉGÉ D'HISTOIRE

hachette
ÉDUCATION

Je remercie particulièrement **Aliette de Buffières**, professeur des écoles, qui a collaboré à cet ouvrage en écrivant les pages *À la manière de…*

Responsable éditoriale : Stéphanie-Paule SAÏSSE

Éditeur assistant : Marie LUCAS

Création de la maquette de couverture : Laurent CARRÉ

Exécution de la maquette de couverture : TYPO-VIRGULE

Création de la maquette intérieure : Laurent CARRÉ

Mise en pages : TYPO-VIRGULE

Illustration de la couverture : Alain BOYER

Cartographie et illustrations : DOMINO (Beata GIERASIMCZYK, Nathalie GUÉVENEUX)

Recherche iconographique : Marie LUCAS

Fabrication : Isabelle SIMON-BOURG

PAPIER À BASE DE FIBRES CERTIFIÉES

hachette s'engage pour l'environnement en réduisant l'empreinte carbone de ses livres. Celle de cet exemplaire est de : 413 g éq. CO_2 Rendez-vous sur www.hachette-durable.fr

ISBN : 978-2-01-117336-2

Avant-propos

LES DOSSIERS HACHETTE répondent, pour chaque grande période historique, à un double objectif :
– faire reposer l'apprentissage de l'histoire sur l'étude de documents et leur analyse critique ;
– faire revivre les traces du passé dans la France d'aujourd'hui.

Les Dossiers Hachette s'appuient sur un contenu scientifique adapté aux élèves, et ce, dans la perspective de la découverte des grandes lignes de notre Histoire.

Chaque dossier est divisé en chapitres de six pages. Chaque fois que cela était possible, nous avons privilégié une entrée par une grande figure historique (Henri IV, Louis XIV) ou bien par un événement marquant (les Grandes Découvertes, la Renaissance, la Révolution française…). Cette approche favorise l'appropriation du contenu historique d'une époque à travers l'étude de grands personnages et de grands événements.
Chaque chapitre propose des documents variés : tableaux, gravures, caricatures, photographies, documents reconstitués (axes chronologiques), cartes historiques permettant de maîtriser la construction spatiale du territoire national et mondial, informations complémentaires faisant le lien entre présent et passé.
L'ensemble de ces documents aide les élèves à progresser vers le résumé de la leçon, le « Carnet de route », enrichi des définitions indispensables.

Le Dossier *Les Temps modernes* est découpé en huit chapitres qui se composent chacun :
– d'une double page présentant le personnage ou le thème (Henri IV, l'*Encyclopédie*…) à l'aide de documents, de repères dans l'espace et le temps (cartes et frises chronologiques) ;
– d'une double page *Sur les traces de l'histoire* approfondissant le thème en s'appuyant sur les documents de l'époque ;
– d'une double page *L'héritage de l'histoire* permettant de comprendre, à l'aide de quelques exemples simples, que le passé est toujours présent autour de nous, qu'il nous parle et que nous en sommes tributaires, en particulier dans nos institutions, nos valeurs, nos principes, notre culture et nos traditions nationales. La double page s'achève par une leçon récapitulative : le « Carnet de route ».

Tous les trois chapitres, une double page *À la manière de…* permet :
– de découvrir et de vivre des situations de l'époque (explorer, rédiger…) ;
– de pratiquer des activités interdisciplinaires (fabriquer, jouer…).

À la fin de l'ouvrage figurent une frise chronologique et un lexique.

Jean-Michel Lambin

SOMMAIRE

Les Temps

modernes

QU'APPELLE-T-ON « LES

Au XVe siècle, les rois du Portugal et d'Espagne organisent des expéditions maritimes vers les Indes pour ramener des produits précieux en contournant le monde musulman. Lors de ces explorations, de nouvelles terres sont découvertes.

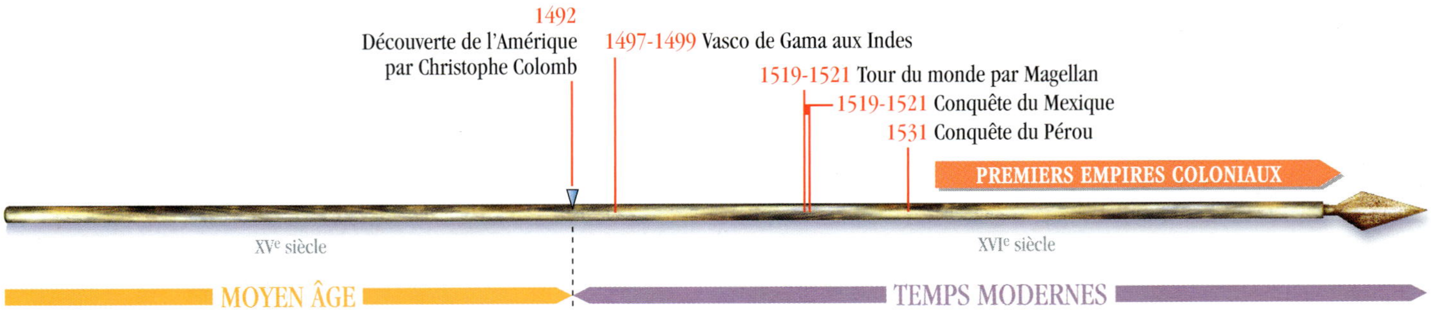

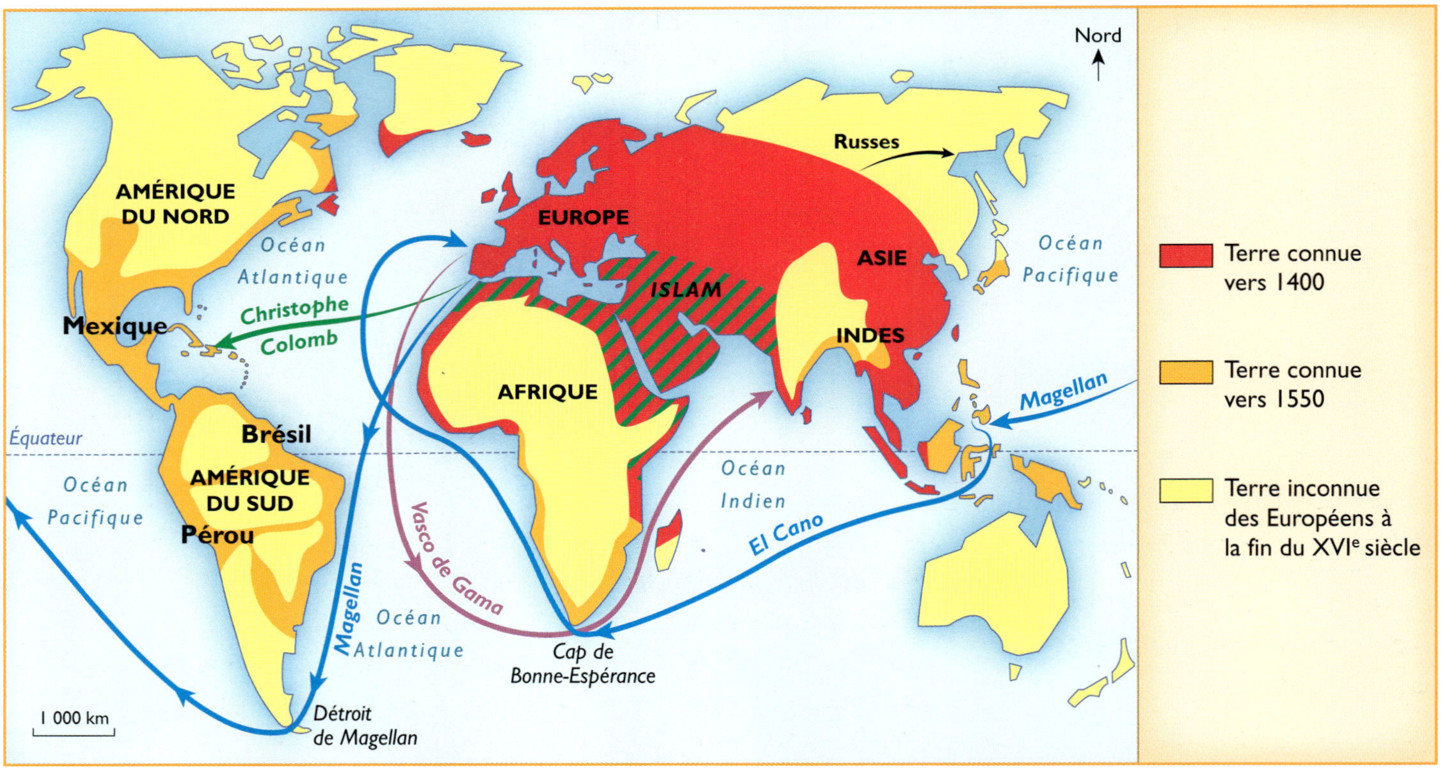

Doc. 1 La découverte de nouvelles terres et de nouveaux océans (XVe-XVIe siècles).

1. Quel continent contourne Vasco de Gama ? Où arrive-t-il ?

2. Quel continent découvre Christophe Colomb ? En quelle année (aide-toi de l'axe chronologique) ?

3. Quel continent contourne Magellan ?

LE PREMIER VOYAGE DE CHRISTOPHE COLOMB EN 1492

Portrait de Christophe Colomb par José Roldan, XVe siècle.

Le Génois Christophe Colomb (1451-1506) navigue au service des souverains espagnols.
En 1492, il part pour les Indes par l'Ouest, persuadé que la Terre est ronde. Il quitte l'Espagne le 3 août. Il arrive aux Antilles et croit qu'il est aux Indes.

9 septembre. Je quitte les Canaries, cap à l'ouest.
24 septembre. La peur des marins grandit.
10 octobre. Les hommes se plaignent de la longueur du voyage. Je les réconforte en leur rappelant les profits qui les attendent.
12 octobre. La terre paraît à deux heures du matin. Au matin, je débarque dans une île[1]. Je déploie la bannière royale, j'en prends possession au nom du roi et de la reine d'Espagne.
24 octobre. Je suis parti pour une île appelée Colba[2] par les Indiens que j'emmène avec moi. Ils disent qu'elle est bien pourvue en or et en épices.

D'après le *Journal de bord* de Christophe Colomb, 1492.

1. Une île de l'archipel des Bahamas.
2. Cuba.

4. De quoi les marins se plaignent-ils ?

5. Où Christophe Colomb croit-il être arrivé ? Où est-il en réalité ?

6. Que fait-il à son arrivée le 12 octobre ?

7. Quelles richesses espère-t-il trouver à Cuba ?

Doc. 2

L'EMPEREUR MOCTEZUMA ACCUEILLE LES PREMIERS ESPAGNOLS ARRIVÉS AU MEXIQUE

Moctezuma est empereur des Indiens Aztèques, au Mexique.
Il accueille un chef espagnol, Cortez.

Quelques-uns nous ont assuré que vous étiez des dieux, que des bêtes farouches vous obéissaient, que vous teniez la foudre entre vos mains, et que vous étiez assoiffés d'or. Cependant, je vois que vous êtes des hommes comme nous. Ces bêtes qui vous obéissent sont, à mon avis, de grands cerfs que vous avez apprivoisés. Ces armes qui ressemblent à la foudre sont des tuyaux d'un métal que nous ne connaissons pas, dont l'effet est pareil à celui de nos sarbacanes.

Cortez, *Histoire de la conquête du Mexique*, tome III, 11, La Compagnie des libraires, Paris, éd. 1759.

8. Comment Moctezuma décrit-il les chevaux et les armes des Espagnols ?

9. Pourquoi les Aztèques prennent-il les Espagnols pour des dieux ?

10. Quelles phrases montrent que les Espagnols sont finalement des hommes comme les autres ?

Doc. 3

SUR LES TRACES DE CHRISTOPHE

POURQUOI LES VOYAGES DE DÉCOUVERTE ?

Le roi du Portugal envoya ses explorateurs afin de savoir s'il y avait dans ces régions quelque prince chrétien pour l'aider contre les Infidèles. Une autre raison était son désir d'amener à la foi du Christ toutes les âmes désireuses d'être sauvées.

D'après Gomès Eanes de Azuraba, *Chronique de la découverte et de la conquête de Guinée*, 1453.

Doc. 1

1. Qui envoie des explorateurs ? Pourquoi ? (Doc. 1)

2. Combien le bateau de Christophe Colomb compte-t-il de mâts ? de voiles ? (Doc. 2)

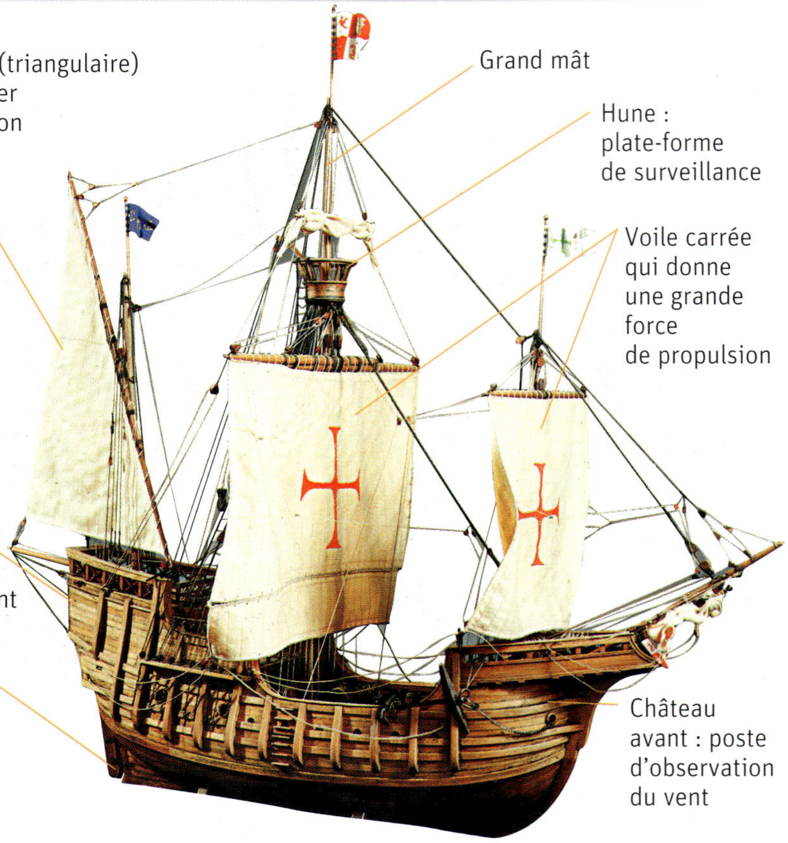

Doc. 2 La caravelle Santa Maria (maquette).
Les navigateurs des XVe et XVIe siècles utilisent des navires de petite taille, très maniables, les caravelles.
L'expédition de Christophe Colomb en comprenait trois : la Santa Maria, la Niña et la Pinta.

Doc. 3 Christophe Colomb découvre de nouvelles terres (tableau de José Garnelo y Alda, 1892).
En octobre 1492, Christophe Colomb aborde une île des Antilles.

3. Que tient Christophe Colomb dans la main droite ?

4. Comment les Indiens l'accueillent-ils ?

COLOMB ET DES CONQUISTADORES

5. Où sont les conquistadores ?

6. Décris leur armement.

7. Qui les accompagne ?

8. Quelle image ce document donne-t-il des conquistadores ?

Doc. 4 Des conquistadores vus par un Indien (arrivée de Cortez au Mexique, XVIe siècle).
En 1519, un conquérant espagnol, Cortez, part à la conquête de l'Empire aztèque (Mexique) à la tête de ses troupes.

Doc. 5 Les sacrifices humains aztèques (dessin représentant des sacrifices humains aztèques, « codex Tuleda », XVIe siècle).
Les peuples indiens, notamment les Aztèques, pratiquent les sacrifices humains : ils offrent le cœur des hommes sacrifiés à leurs dieux.

9. Comment la victime est-elle sacrifiée ?

10. Qu'y a-t-il d'horrible dans cette coutume ?

UN RELIGIEUX DOMINICAIN, DÉFENSEUR DES INDIENS

À ceux qui prétendent que les Indiens sont des barbares, nous répondons que ces gens ont des villages, des cités, des rois, des seigneurs. Si dans telle partie des Indes on a mangé de la chair humaine, il y a des milliers d'endroits où cette mauvaise action n'a pas été commise.

Que l'on sache que ces Indiens sont des hommes et qu'ils doivent être traités comme des hommes libres.

D'après Bartolomé de Las Casas, *Mémoires pour la réformation des Indes*, 1516.

Doc. 6

11. De quoi accuse-t-on les Indiens ?

12. Comment Las Casas considère-t-il les Indiens ?

L'HÉRITAGE DES GRANDES

Des plantes nouvelles

Les conquérants espagnols découvrent en Amérique de nouvelles plantes qui sont ensuite cultivées en Europe, comme la pomme de terre et la tomate.

La récolte des pommes de terre (manuscrit péruvien : « Chroniques de Huaman », XVIe siècle).

La découverte d'autres civilisations

Les civilisations inca, maya et aztèque découvertes par les conquistadores ont laissé des traces encore visibles aujourd'hui.

Temple maya de Palenque, Sud du Mexique.

La conversion des Indiens au christianisme

Les Indiens sont convertis au christianisme par les missionnaires.

Reconstitution par R. Joffé dans le film « Mission », 1986.

La création d'empires coloniaux

Les Portugais et les Espagnols créent aux XVe et XVIe siècles les premiers empires coloniaux, suivis au XVIe siècle par les Français et les Anglais.

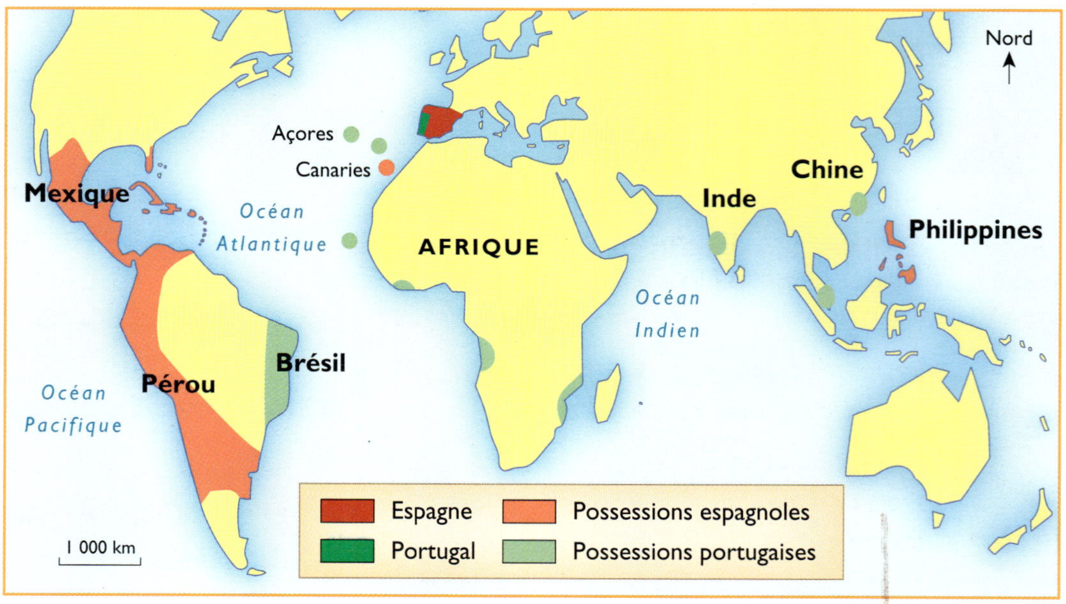

DÉCOUVERTES

Le travail forcé

Les Indiens sont contraints au travail forcé dans les mines d'Amérique. Beaucoup meurent d'épuisement ou de désespoir. À partir de la fin du XVIe siècle, les Noirs, capturés en Afrique, doivent travailler comme esclaves dans les plantations.

Exploitation des mines de Potosi en Amérique du Sud (gravure de Théodore de Bry, 1590).

LEXIQUE

Conquistadore : mot espagnol qui signifie « conquérant ». Nom donné aux soldats espagnols qui ont conquis l'Amérique au XVIe siècle.

Empire colonial : ensemble des territoires conquis par un autre pays et qui en dépendent.

Indigène : celui qui vit là où il est né, celui qui est originaire du pays.

CARNET DE ROUTE

Portugais et Espagnols explorent le monde

À partir du XVe siècle, les rois du Portugal lancent des expéditions maritimes. Les rois d'Espagne agissent de même à la fin du XVe siècle.
Tous cherchent à contourner l'Empire turc pour atteindre les Indes. Ils espèrent **se procurer des épices** (poivre, cannelle), **de l'or et de l'argent**. Ils veulent aussi convertir les peuples découverts à la religion chrétienne.

Les Portugais arrivent aux Indes en contournant l'Afrique. En 1492, le Génois **Christophe Colomb**, au service de l'Espagne, **part pour les Indes en direction de l'ouest**. Il découvre des îles et croit être arrivé aux Indes. En réalité, ce sont les Antilles.

Les peuples d'Amérique

Christophe Colomb appelle les habitants des pays découverts « Indiens ». **Au Mexique et au Pérou, les populations sont dominées par les Empires aztèque et inca.** Dans l'Empire aztèque, les habitants pratiquent des sacrifices humains.

Les Espagnols Cortez et Pizarre font la conquête de ces empires : ce sont des **conquistadores**.
La conséquence de ces conquêtes est la mort d'un grand nombre d'Indiens par la maladie, les combats et le travail forcé.

Les premiers empires coloniaux

En 1519, Magellan et El Cano réalisent le premier tour du monde. Magellan est tué par les **indigènes** aux Philippines. **Portugais, Espagnols, Français et Anglais** créent en Afrique, en Asie et surtout en Amérique de vastes **empires coloniaux** qui bouleversent la vie des indigènes.
Les Indiens sont convertis à la religion chrétienne.
Leur nombre diminue en raison de massacres, de maladies et du travail forcé.

QU'EST-CE QUE LA

Au XVe puis au XVIe siècle, l'Italie, suivie par l'ensemble de l'Europe, connaît un renouveau de la création artistique et littéraire ainsi qu'un grand progrès dans les sciences et les techniques : c'est la Renaissance.

- Vers 1450 : Gutenberg invente l'imprimerie
- 1503-1507 : Léonard de Vinci peint *La Joconde*
- 1515 : Marignan : victoire de François Ier sur les Suisses en Italie
- 1543 : Système de Copernic
- 1605 : Cervantès commence l'écriture de *Don Quichotte*

1400 — 1500 — 1600

XVe siècle — XVIe siècle — XVIIe siècle

Renaissance en Italie — FRANÇOIS Ier ROI DE FRANCE (1515-1547) — Renaissance dans toute l'Europe

MOYEN ÂGE — TEMPS MODERNES

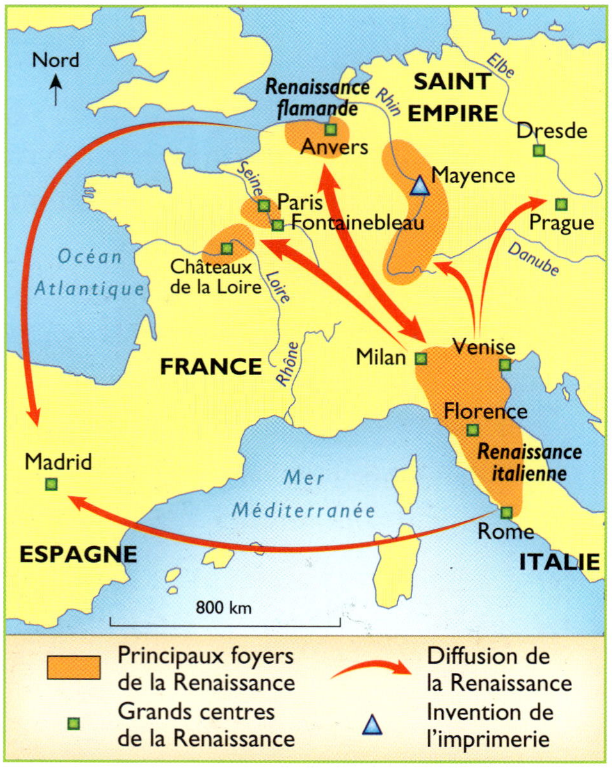

Doc. 1 Les principaux centres de la Renaissance.

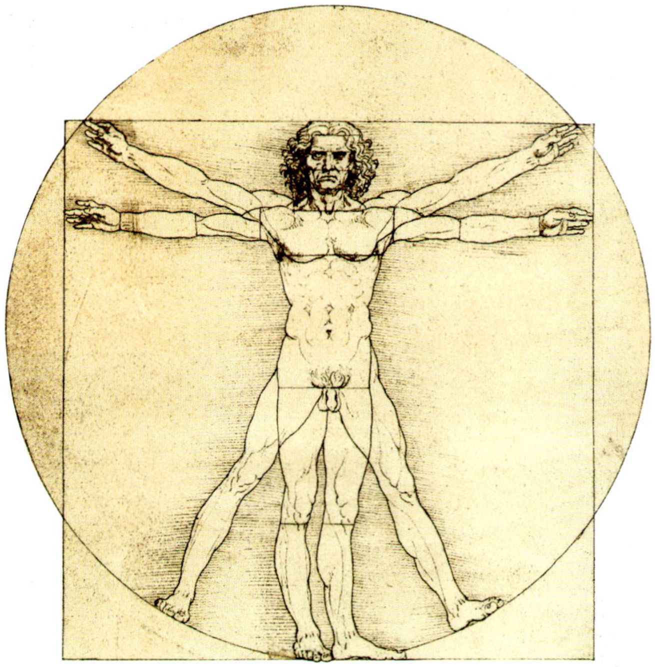

Doc. 2 La divine proportion (dessin de Léonard de Vinci d'après les proportions humaines jugées parfaites par les hommes de la Renaissance, vers 1490).

1. Quelles régions et quels pays sont influencés par la Renaissance italienne ?

2. Quels sont les principaux foyers de la Renaissance en Europe ?

3. Que représente ce dessin ?

4. Dans quelles formes géométriques le personnage est-il dessiné ?

RENAISSANCE ?

Doc. 3 Un atelier d'imprimerie (gravure sur cuivre, 1632).
Le typographe ① compose le texte à l'aide de signes placés dans des casiers. La plaque composée est enduite d'encre ②. La feuille de papier ③ est imprimée à l'aide de presses ④. La feuille imprimée est ensuite examinée par les correcteurs ⑤.

5. Comment étaient fabriqués les livres avant l'invention de l'imprimerie ?

6. Quelles sont les différentes étapes dans l'impression d'un livre ?

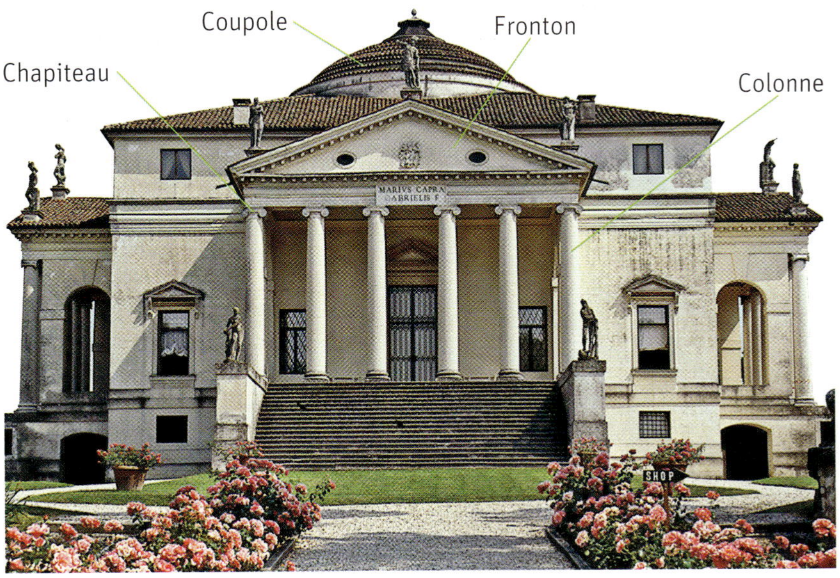

Doc. 4 La Rotonda, villa construite près de Venise par Palladio au XVIe siècle.

Doc. 5 Le Panthéon, temple romain construit à Rome au IIe siècle.

7. Décris la façade du temple romain (Doc. 5).

8. Quels points communs observes-tu entre les deux constructions (Doc. 4 et 5) ?

9. Laquelle date de l'Antiquité ? Laquelle date de la Renaissance ?

Autoportrait (1515).

LÉONARD DE VINCI (1452-1519)

J'ai voulu passionnément connaître et comprendre la nature humaine, savoir ce qu'il y avait à l'intérieur de nos corps. Pour cela, des nuits entières, j'ai disséqué des cadavres, malgré l'interdiction de l'Église.
Tout pour moi était sujet d'études : la lumière, par exemple. Pour le peintre que j'étais, que de recherches passionnantes !
Ce que j'ai aimé toute ma vie, c'est comprendre le mystère de la nature humaine.

D'après Léonard de Vinci, *Carnets*.

Doc. 1

1. Cherche dans un dictionnaire qui était Léonard de Vinci.

2. Quel moyen Léonard de Vinci utilise-t-il pour connaître le corps humain ?

3. Léonard de Vinci ne s'intéresse-t-il qu'au corps humain ? Explique ta réponse.

Doc. 2 La Joconde (tableau de Léonard de Vinci, entre 1503 et 1507). Chef-d'œuvre de Léonard de Vinci, « La Joconde » est le portrait de Mona Lisa, femme du Florentin Francesco del Giocondo.

4. Décris l'attitude de Mona Lisa.

L'image de l'univers dans l'Antiquité et au Moyen Âge selon le géographe grec Ptolémée, IIe siècle.

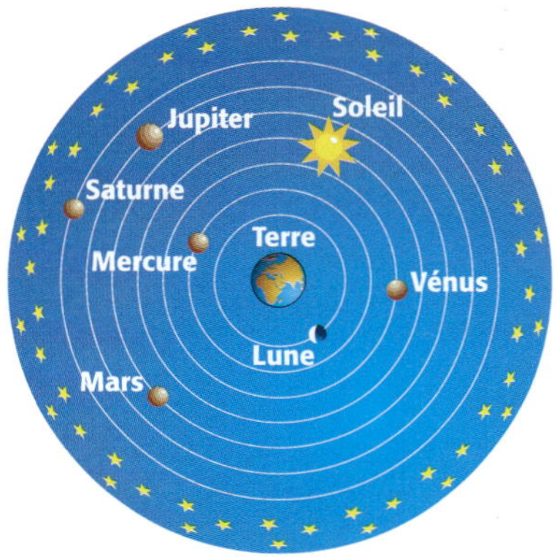

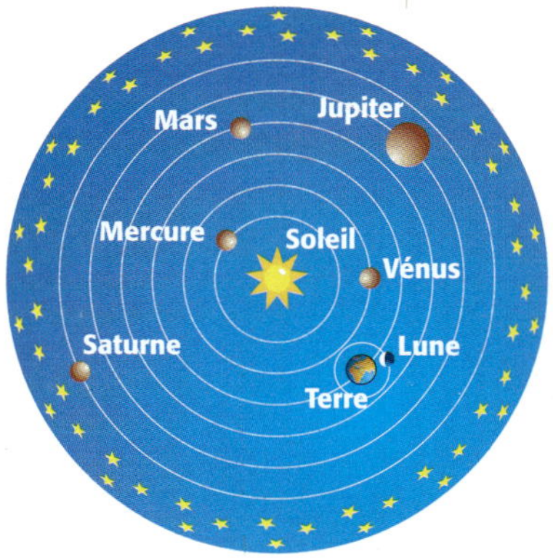

L'image de l'univers à la Renaissance selon l'astronome polonais Copernic, 1473-1543.

trajectoire des astres
planète

Doc. 3 L'image de l'univers.
Nicolas Copernic (1473-1543) est un savant polonais qui a fait des recherches sur les planètes et leur place dans l'univers. Ses travaux sont condamnés par le pape car ils sont contraires à la description du monde dans la Bible.

5. Qu'est-ce qui est au centre de l'univers selon Ptolémée ? selon Copernic ?

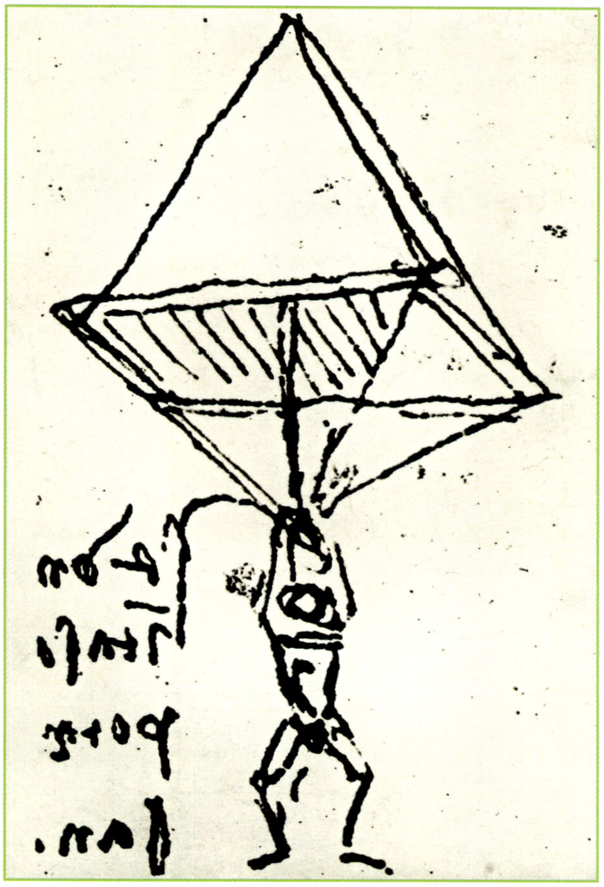

Doc. 4 Le progrès scientifique
(« Le Parachute », dessin de Léonard de Vinci, vers 1500).

6. Cherche ce qu'a inventé Léonard de Vinci.

7. Trouve quand les premiers parachutes ont été utilisés.

8. Décris le dessin de Léonard de Vinci. Quelles différences y a-t-il avec un parachute d'aujourd'hui ?

Doc. 5 La création d'Adam
(détail de la voûte de la chapelle Sixtine, Michel-Ange, 1510-1511).

9. Cherche qui est Adam.

10. Comment le corps humain est-il représenté ?

L'HÉRITAGE DE LA

Les châteaux de la Loire

François Ier a joué un rôle important dans la diffusion de la Renaissance italienne en France. Il a fait construire de nombreux châteaux dans la vallée de la Loire.

Un château de la Loire : Chambord (construit entre 1519 et 1537).

Le livre imprimé

Jean Gutenberg (vers 1397-1468) a inventé l'imprimerie à Mayence, vers 1450. Grâce à cette innovation, il publie la première Bible imprimée, appelée depuis *Bible de Gutenberg*.

Portrait de Jean Gutenberg (gravure d'Albrecht Mentz, XVe siècle).

Des œuvres littéraires majeures

De nombreux auteurs de la Renaissance ont laissé de grandes œuvres encore très connues aujourd'hui : William Shakespeare (*Hamlet*, *Macbeth*), Cervantès (*Don Quichotte*), Rabelais (*Pantagruel*, *Gargantua*).

Shakespeare (1564-1616) est encore aujourd'hui l'un des plus célèbres écrivains anglais.

Né en Espagne, Cervantès (1547- 1616) a été soldat. Il a combattu les Turcs et a été esclave des musulmans à Alger. Il est ensuite devenu écrivain en Espagne. « Don Quichotte », publié en 1605 et en 1615, est son chef-d'œuvre le plus célèbre.

RENAISSANCE

De nouvelles formes architecturales héritées de l'Antiquité

Il nous reste aujourd'hui de beaux exemples de l'architecture de la Renaissance.

L'église du Rédempteur, construite par l'architecte italien Palladio (Venise, 1577-1580).

LEXIQUE

Renaissance : courant artistique, littéraire et scientifique né en Italie à la fin du Moyen Âge. Dans le domaine de l'art, la Renaissance s'inspire de l'art antique, grec et romain. Les artistes de la Renaissance créent des formes nouvelles et recherchent la perfection.

CARNET DE ROUTE

Une Renaissance italienne

La **Renaissance** naît au XVe siècle en Italie, **d'abord à Florence puis à Rome**. Les artistes redécouvrent la richesse des œuvres antiques. Ils s'intéressent aux textes de grands auteurs de l'Antiquité, comme Platon.

Léonard de Vinci est l'un des plus grands artistes de la Renaissance. C'est un peintre et un savant : il invente des machines et des procédés d'irrigation ; il imagine le parachute et le char d'assaut.

À partir du milieu du XVe siècle, la Renaissance se diffuse dans toute l'Europe.

La Renaissance hors d'Italie

En France, le roi François Ier fait venir à sa cour des artistes, dont Léonard de Vinci. Il fait construire de nombreux châteaux (Chambord, Chenonceaux…). Suivant son modèle, de grands princes se font construire **des châteaux en Île-de-France et dans le Val de Loire** dans un style nouveau (grandes fenêtres, jardins à l'italienne…).

Des découvertes font évoluer la société. Vers 1450, Jean Gutenberg invente des caractères mobiles, un pour chaque lettre. Ce procédé, qui permet **d'imprimer des livres en grand nombre**, favorise la publication des textes antiques et la diffusion d'idées nouvelles.

Les travaux de l'astronome polonais Nicolas Copernic (1543) démontrent que **la Terre** n'est pas au centre de l'univers (comme on le croyait au Moyen Âge) et qu'elle **tourne autour du Soleil**. Ses travaux bouleversent l'idée que les savants se faisaient du monde.

En littérature, Cervantès en Espagne, Shakespeare en Angleterre et Rabelais en France écrivent **des chefs-d'œuvre**.

QUI ÉTAIT

De 1562 à 1598, catholiques et protestants s'affrontent en France. En 1589, le futur Henri IV, Henri de Navarre, est protestant. Pour devenir roi d'une France majoritairement catholique, il doit se convertir au catholicisme.

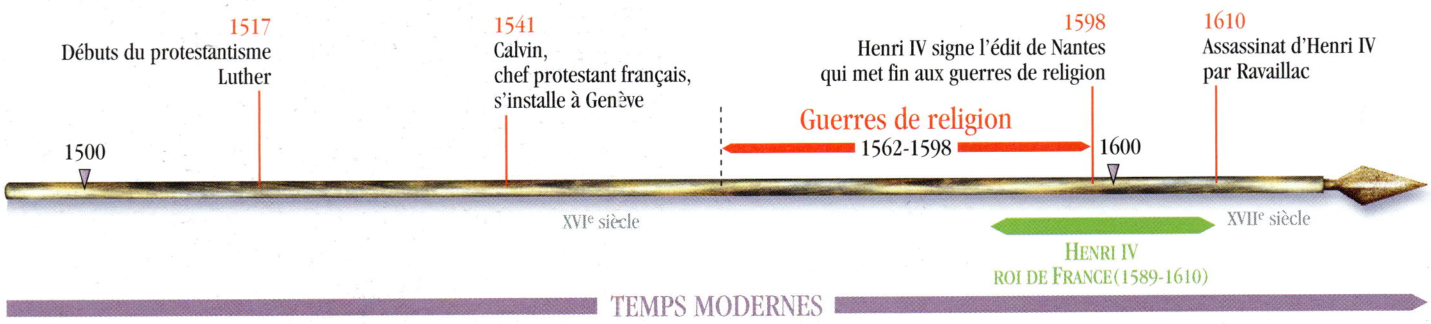

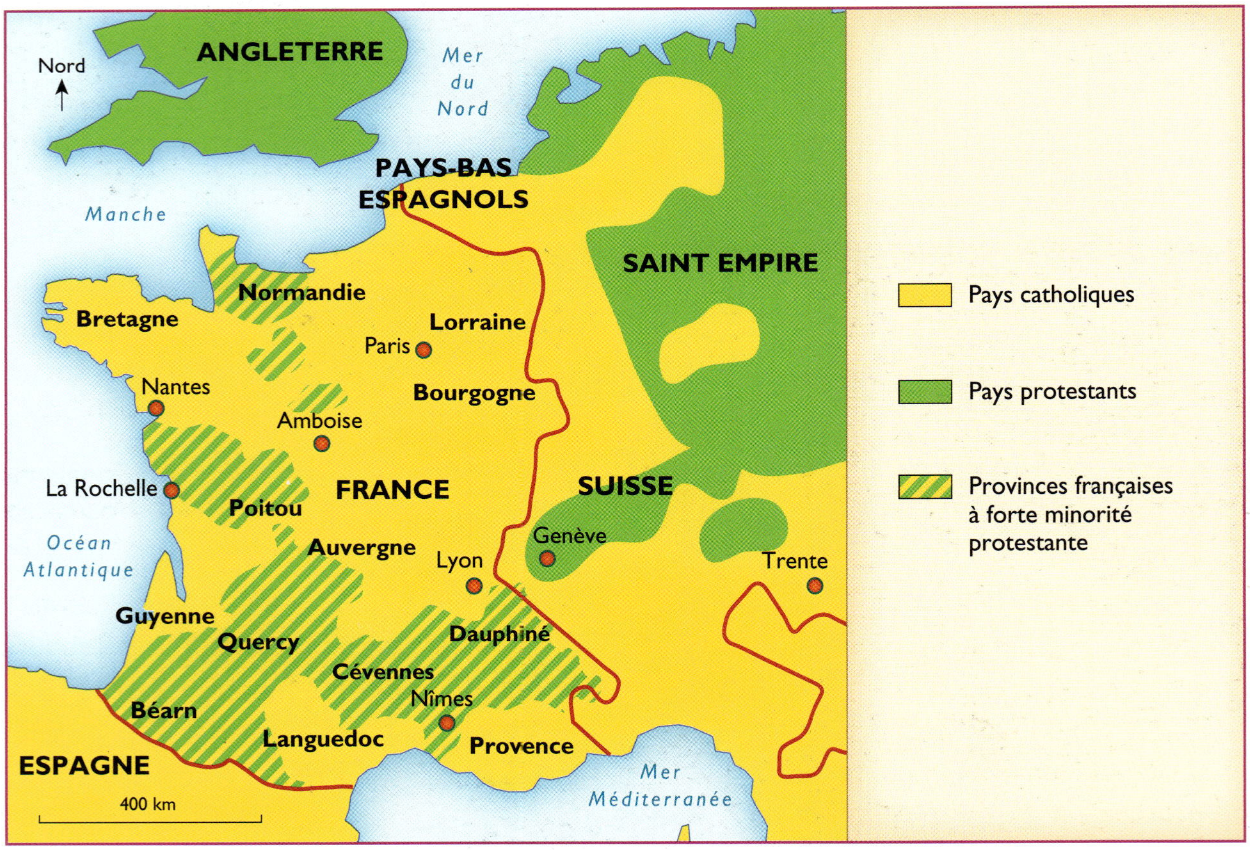

Doc. 1 La France au temps du roi Henri IV et des guerres de religion.

1. Dans quelles régions de France les protestants sont-ils présents au XVIe siècle ?

2. Quelles provinces sont catholiques ?

HENRI IV ?

Doc. 2 Henri IV, roi de France et de Navarre (tableau de Frans Porbus le Jeune, 1600).
Henri de Navarre est le cousin du roi de France Henri III. À sa mort en 1589, il lui succède mais une partie des catholiques ne l'accepte pas comme roi de France car il est protestant.
En 1593, il se convertit à la religion catholique.
Il est sacré roi en 1594 et il fait la paix avec les chefs catholiques puis avec les protestants.
Il est assassiné en 1610.

3. Décris les vêtements du roi Henri IV.

4. Quelle est sa religion jusqu'en juillet 1593 ?

5. Pourquoi Henri de Navarre n'est-il pas accepté comme roi par les catholiques entre 1589 et 1593 ?

Doc. 3 Henri IV, roi converti au catholicisme (tableau de Nicolas Bollery, 1593).
Le 25 juillet 1593, Henri IV abjure – c'est-à-dire abandonne – la religion protestante dans l'église de Saint-Denis où sont enterrés les rois de France.

6. Pourquoi ce geste d'Henri IV est-il important ?

SUR LES TRACES DES PROTESTANTS

Doc. 1 La Réforme protestante vue par les protestants (gravure allemande, 1591).
Cette image est inspirée des idées de Martin Luther, moine allemand à l'origine du protestantisme.
La Bible, livre qui contient la parole de Dieu pour les Juifs et les chrétiens, pèse bien plus lourd que des religieux catholiques. Pour Luther et les auteurs de cette caricature, l'Église catholique, à gauche, ne réussit pas à faire pencher la balance en sa faveur : ceux qui croient en la parole de Dieu contenue dans la Bible sont dans le vrai, la balance penche en leur faveur.

1. Décris le clergé catholique (à gauche) et les protestants (à droite).

2. Que vois-tu dans les deux plateaux de la balance ? Qu'est-ce qui pèse le plus lourd ?

Portrait de Jean Calvin (tableau du XVIe siècle).

LE PROTESTANTISME SELON JEAN CALVIN (1509-1564)

Jean Calvin est le chef des protestants en France. Il doit se réfugier en Suisse à plusieurs reprises pour éviter d'être arrêté par les autorités catholiques. En 1536, il expose ses idées dans Institution de la religion chrétienne. *En 1541, il se fixe définitivement à Genève dont il fait une capitale du protestantisme.*

« Nous appelons "prédestination" ce que Dieu a décidé de faire de chaque homme. Il ordonne aux uns la vie éternelle et aux autres la damnation éternelle. »

D'après *Institution de la religion chrétienne*, chap. VIII, 1536.

« Chacun doit venir le dimanche écouter la parole de Dieu. Nul ne doit danser ni chanter chansons déshonnêtes, ni se déguiser, sous peine de 90 sous d'amende et 3 jours de prison. »

Ordonnance sur les mœurs à Genève, 23 février 1539.

« Nous considérons comme erreurs les pèlerinages, l'interdiction de certains aliments, la confession au prêtre. »

D'après *La Confession de La Rochelle*, 1571.

Doc. 2

3. Qu'est-ce que Jean Calvin considère comme des erreurs ?

4. Quelle religion est visée par cette phrase ?

Doc. 3 Les violences protestantes : les michelades de Nîmes **(gravure de Franz Hogenberg, Genève, fin XVIe-début XVIIe siècles).**
Le 29 septembre 1567, jour de la Saint-Michel, des protestants massacrent des prêtres catholiques à Nîmes.

Doc. 4 Les violences catholiques : la Saint-Barthélemy à Paris **(peinture sur bois de François Dubois, Lausanne, XVIe siècle).**
Le 24 août 1572, jour de la Saint-Barthélemy, un grand massacre de protestants est organisé. L'amiral de Coligny est tué.

5. À l'aide du Doc. 1 page 18, situe les deux scènes (Doc. 3 et Doc. 4) et décris-les.
6. Cherche dans un dictionnaire qui étaient le duc de Guise et l'amiral de Coligny.

Le souvenir du « bon roi Henri »

Henri IV s'est soucié du bien-être de la population de son royaume. Il aurait dit : « Je veux que les paysans puissent mettre la poule au pot tous les dimanches. »

Henri IV jouant avec ses enfants (manuel scolaire de 1949).

D'autres phrases de ce roi sont restées célèbres :

- « Ralliez-vous à mon panache blanc, vous le trouverez toujours sur le chemin de l'honneur », aurait-il dit à ses compagnons avant la bataille d'Ivry, le 14 mars 1590.
- En 1593, Henri IV abandonne le protestantisme pour se convertir au catholicisme et entrer dans Paris (ville très catholique et capitale de la France) comme roi de France. D'où l'expression qui lui est attribuée : « Paris vaut bien une messe. »

L'édit de Nantes, 13 avril 1598

Un édit est une loi signée par le roi. Il porte en général le nom de la ville où il a été signé. L'édit de Nantes met fin aux guerres de religion et accorde aux protestants le droit de pratiquer leur religion en certains lieux et à certaines conditions.

« **9.** Nous autorisons ceux de la religion prétendue réformée (le protestantisme) d'exercer leur religion là où elle se pratiquait en 1597. […]
22. Nous ordonnons qu'il ne soit fait aucune différence en matière de religion entre les étudiants et écoliers qui seront instruits dans les universités, collèges et écoles, ni entre les malades et les pauvres qui seront soignés dans les hôpitaux. »

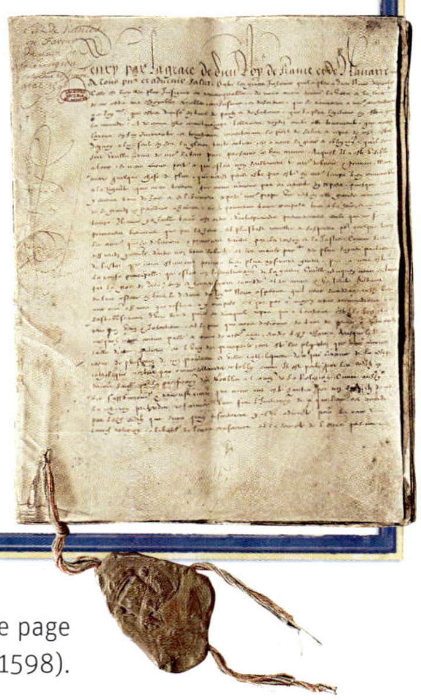

Première page de l'édit de Nantes (manuscrit, 1598).

Sully (1559-1641), ministre d'Henri IV

Sully est un noble protestant attaché à sa religion. Henri IV le nomme surintendant des Finances. Sully est très économe : il diminue l'endettement de la France et réduit les impôts. Il voit dans l'agriculture la source de toute richesse. Il améliore les routes et les ponts et protège les frontières par des fortifications.

HENRI IV

Sully et l'agriculture

« Labourage et pâturage sont les deux mamelles de la France », avait dit Sully pour souligner l'importance de l'agriculture.

Portrait du duc de Sully (peinture de Sébastien Louis Norblin de La Gourdaine, XVIe siècle).

LEXIQUE

Catholicisme : religion pratiquée par les catholiques. Les catholiques sont des chrétiens.

Protestantisme : religion pratiquée par les protestants. Le protestantisme remet en cause l'autorité du pape, auquel obéissent les catholiques. Les protestants sont des chrétiens.

Réforme protestante : religion des chrétiens qui ont suivi les réformes de l'Église faites par Luther et Calvin.

CARNET DE ROUTE

La naissance du protestantisme

En 1517, dans le Saint Empire, le moine Martin Luther publie des thèses qui mènent à une rupture avec l'Église catholique et le pape. C'est le début de la **Réforme protestante**.

Martin Luther en Allemagne et Jean Calvin en France diffusent le **protestantisme**. En France, **les protestants et les catholiques forment deux partis qui s'opposent**. Mais sous le règne de François Ier (1515-1547) et de ses successeurs, ils ne s'affrontent pas encore violemment.

Les guerres de religion

Les guerres de religion entre catholiques et protestants commencent en 1562. Des massacres ont lieu de part et d'autre. Le roi Henri III meurt assassiné en 1589. Il n'a pas d'enfant ; son plus proche héritier est **Henri de Navarre mais il est protestant**.

Des catholiques, rassemblés dans la Sainte Ligue, sous la direction d'Henri de Guise, ne veulent pas qu'il devienne roi. Henri de Navarre bat les troupes de la Ligue et se convertit au **catholicisme** en 1593. Il peut alors devenir roi, reconnu par tous, sous le nom d'Henri IV. **Les guerres de religion s'achèvent par l'édit de Nantes** signé par Henri IV en 1598. Il autorise la pratique de la religion protestante dans les lieux où les protestants sont déjà présents.

Le gouvernement d'Henri IV

Henri IV rétablit la paix. Grâce à son ministre Sully, **la France retrouve la prospérité économique**. La production de l'agriculture augmente. Henri IV devient un roi populaire. Mais il subsiste des mécontents : Henri IV est assassiné en 1610 par un fanatique, François Ravaillac.

Je découvre les conquistadores espagnols

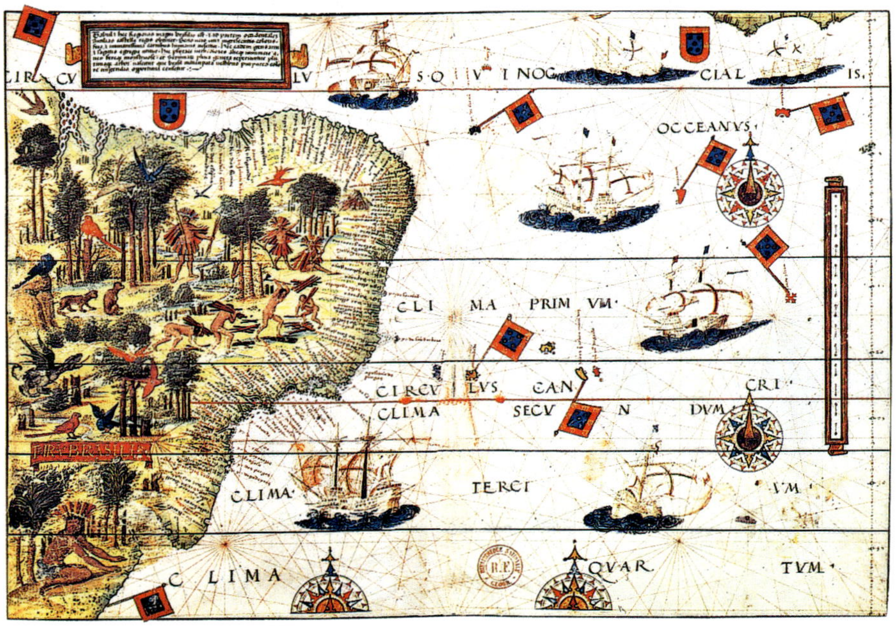

Entre la fin du XVe siècle et le milieu du XVIe siècle, les Portugais et les Espagnols cherchent une nouvelle route vers les Indes. Ces grandes expéditions leur permettent de découvrir des terres inconnues jusque-là.

Carte marine, environ 1519.

Sur ces nouvelles terres, les conquistadores rencontrent les populations locales dont les modes de vie sont très différents des leurs. Dans son journal, Christophe Colomb raconte sa rencontre avec les indigènes qui vivent sur le territoire des Bahamas.

> Je m'efforçais de gagner leur amitié. Je fis donner des bonnets de couleurs et des colliers de verre, des grelots et d'autres petits objets de peu de valeur, ce dont ils éprouvaient un très grand plaisir. Ils prenaient tout ce qu'on leur offrait et, en échange, donnaient sans aucune hésitation tout ce qu'ils possédaient : des perroquets, du fil de coton, des sagaies, et beaucoup d'autres choses encore. Ce sont pourtant des gens très pauvres et démunis de tout. Ils ont les cheveux aussi gros que la soie d'un cheval, coupés court sur les sourcils et de longues mèches par derrière. Ils ne sont ni blancs ni noirs, mais certains se peignent en brun, d'autres en rouge ou en blanc, soit tout le corps, soit seulement le visage.
>
> Journal du premier voyage de Christophe Colomb, 1492.

Première rencontre (au Pérou) du conquistador François Pizarre et d'Atahualpa, le dernier roi inca, en 1532 (dessin de Felipe Guaman Poma de Ayala, vers 1600).

De leur côté, les indigènes sont étonnés de voir arriver ces hommes revêtus d'armures de fer et portant des armes qu'ils ne connaissent pas.

les grands découvreurs

Je découvre la civilisation inca

La civilisation inca est très évoluée. La société est divisée en clans. L'empereur a un pouvoir absolu. Il donne à chaque famille environ un hectare de terre pour cultiver le maïs.
En contrepartie, les hommes doivent participer au travail collectif de la terre ainsi qu'aux grands travaux de l'État comme la construction de villes.
Les Incas sont des agriculteurs : ils cultivent la pomme de terre et le maïs. Ils élèvent aussi les lamas. Le culte du Soleil et du Dieu suprême, créateur de toutes choses, est obligatoire.
En cas de disette ou d'épidémie, les grands prêtres pratiquent des sacrifices humains pour implorer leurs dieux.

Je joue le contact entre un conquistador et un aztèque

Comme Christophe Colomb, tu arrives avec quatre de tes camarades sur une terre inconnue. Imaginez et jouez le premier contact que vous avez avec les habitants à partir du scénario suivant.

Matériel à prévoir
- Maquillage
- Tissus
- Billes de couleurs
- Fruits
- Plumes

Costume aztèque (extrait du « codex Mendoza », XVIe siècle).

Bouclier aztèque (extrait du « codex Mendoza », XVIe siècle).

Le scénario

Scène 1 : Un navire arrive ; l'homme de veille crie : « Terre ! Terre ! ». Des hommes d'équipage et le capitaine débarquent sur la terre ferme.

Scène 2 : La scène se passe sans échange de paroles. Les navigateurs découvrent un groupe d'hommes. Ils sont vêtus d'un simple pagne, leurs visages sont peints de couleurs vives. Un homme dans le groupe semble être le chef : il est vêtu d'une tunique et d'un masque de tigre, son bouclier est paré de couleurs chatoyantes. L'étonnement se lit sur les visages des indigènes et des découvreurs.

Scène 3 : Pour gagner leur amitié et pour pouvoir faire plus tard du commerce, un homme d'équipage est envoyé vers le chef du groupe des indigènes. Il leur tend un sac contenant des morceaux de verre colorés. Les indigènes prennent le sac et offrent des fruits en échange.

Scène 4 : De retour sur votre navire, vous écrivez une lettre à votre roi : décrivez les indigènes et leurs cadeaux.

QUI ÉTAIT

En 1643, à la mort de son père, Louis XIV devient roi. Comme il n'a que cinq ans, sa mère gouverne le pays. Il règne personnellement à partir de 1661 jusqu'en 1715. Il se comporte en roi absolu, réalise de nombreuses conquêtes et protège les artistes et les écrivains.

- **1638** Naissance du futur Louis XIV
- **1643** Louis XIV devient roi
- **1661** Début du règne personnel de Louis XIV
- **1682** La Cour s'installe à Versailles
- **1715** Mort de Louis XIV

1625 – 1650 – 1675 – 1700 – 1725

XVIIe siècle — XVIIIe siècle

RÈGNE DE LOUIS XIV (1643-1715)

TEMPS MODERNES

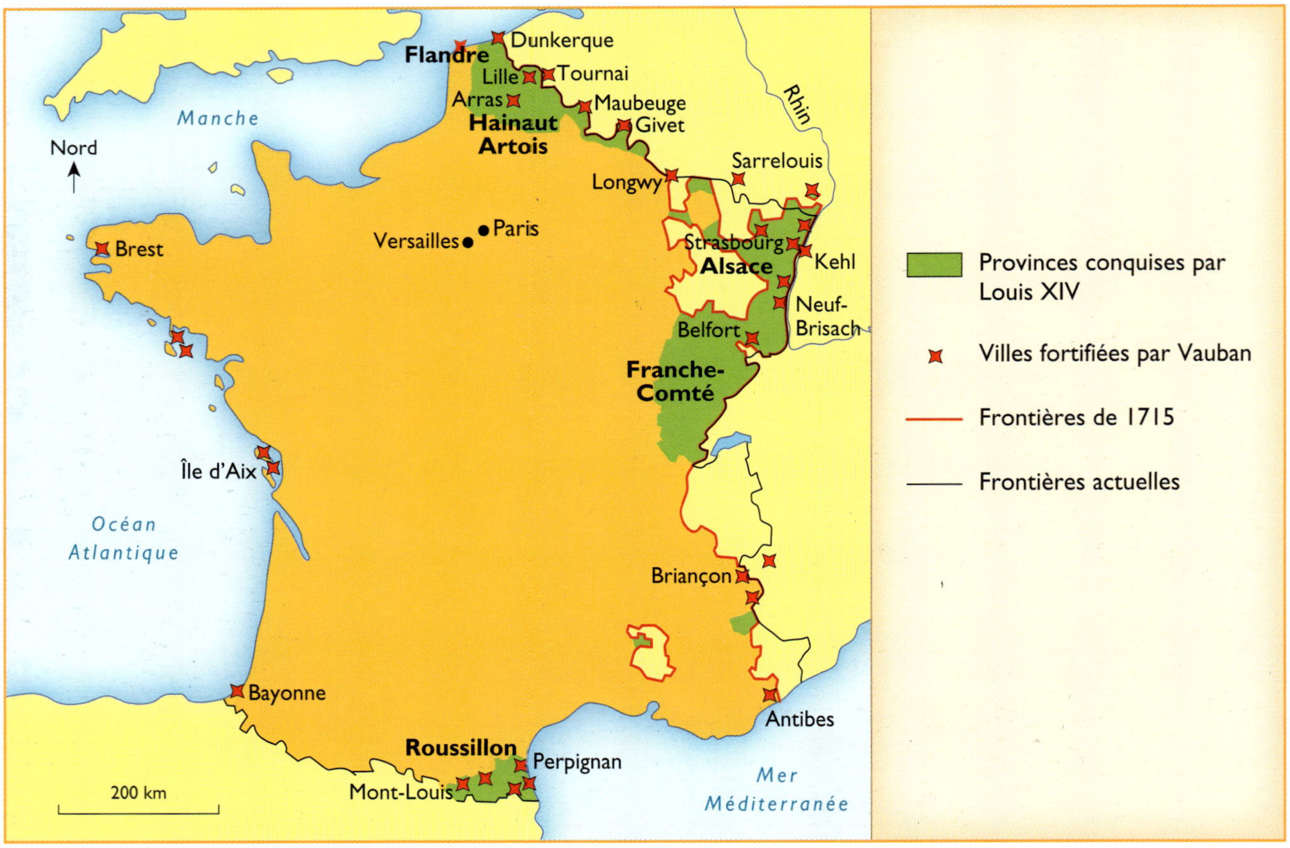

Doc. 1 Les provinces conquises par Louis XIV.

1. Cite le nom de trois provinces conquises par Louis XIV.

2. Donne le nom de deux régions de la France d'aujourd'hui qui ne sont pas encore françaises au temps de Louis XIV.

LOUIS XIV ?

Doc. 2 Louis XIV en costume de sacre (tableau officiel de Hyacinthe Rigaud, 1701).

3. Décris le costume de Louis XIV (Doc. 2).

4. Qu'est-ce qui montre qu'il est roi ?

5. À quel moment de la journée Louis XIV travaille-t-il (Doc. 3) ?

6. Quelles sont ses distractions ?

LE ROI À VERSAILLES

Le roi se lève à huit heures, reste au Conseil de dix heures à midi et demi, puis va à la messe en famille avec la reine. À une heure, il visite les favorites jusqu'à deux heures, puis dîne en public avec la reine. Il va ensuite à la chasse ou à la promenade. Puis il tient encore un conseil. Le soir, il converse avec les dames, ou joue, ou va à la comédie.

D'après Primi Visconti, *Mémoires sur la cour de Louis XIV*, 1673-1681.

Doc. 3

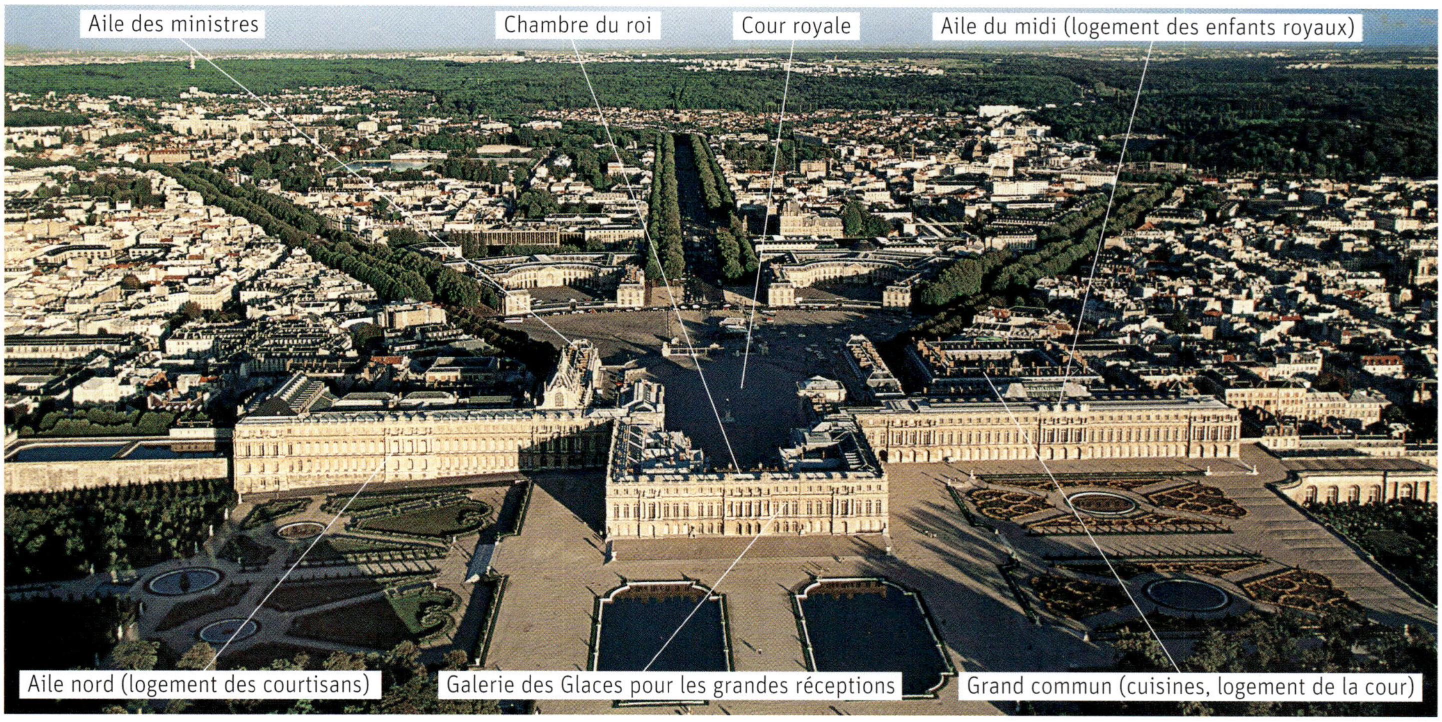

Doc. 4 Le château de Versailles.
De 1661 à 1670, Louis XIV fait construire près de Paris un immense château.

7. Où se trouve la galerie des Glaces ?

8. Cherche dans un dictionnaire ce qu'est un courtisan.

UN ROI ABSOLU

Toute puissance, toute autorité résident dans la main du roi et il ne peut y en avoir d'autre dans le royaume. Dieu a donné des rois aux hommes. Il a voulu qu'on les respectât. La volonté de Dieu est que quiconque est né sujet obéisse. Même si un prince est mauvais, la révolte de ses sujets est toujours un crime.

D'après Louis XIV, *Mémoires*, 1661-1668.

Doc. 1

1. Pour Louis XIV, d'où vient le pouvoir des rois ?

2. Peut-on se révolter contre un roi ? Pourquoi ?

COLBERT ET LE COMMERCE

Jean-Baptiste Colbert est le principal ministre de Louis XIV.
Le bon état des finances et l'augmentation des revenus de Votre Majesté consistent à augmenter la quantité de monnaie qui circule dans le royaume. Trois voies permettent d'y arriver : attirer l'argent des pays étrangers, le conserver dans le royaume et empêcher qu'il ne sorte. Il est certain que, par les manufactures[1], un million de personnes qui languissent dans la fainéantise gagneront leur vie dans le commerce maritime.

Jean-Baptiste Colbert, *Mémoire sur le commerce*, 1664.

1. Usines d'autrefois.

Doc. 2

3. Qu'est-ce qui fait la richesse d'un pays selon Jean-Baptiste Colbert ?

LE ROI ET SES COURTISANS DANS LES JARDINS DE VERSAILLES

Promenade de Louis XIV et ses courtisans (détail d'un tableau d'Étienne Allegrain, 1688).

Louis XIV attire les courtisans à Versailles par de nombreuses fêtes. Il cherche ainsi à maintenir les nobles sous sa dépendance.

Louis XIV aima la splendeur. Ce goût, il l'inspira à sa cour. C'était lui plaire que d'y dépenser en habits, en carrosses, en bâtiments, en jeu. Il parvint à épuiser tout le monde par le luxe, et peu à peu les nobles dépendirent entièrement de ses pensions[1] pour subsister. Il trouvait ainsi la satisfaction de son orgueil en ayant une cour superbe.

D'après Louis de Rouvroy, duc de Saint-Simon, *Mémoires*, 1723-1750.

1. Argent que donne le roi à des courtisans.

Doc. 3

4. Pourquoi Louis XIV a-t-il rassemblé les nobles à Versailles ?

5. Par quoi les a-t-il attirés ?

Doc. 4 Un souverain protecteur des Arts et des Lettres (Jean-Baptiste Colbert présente au roi les membres de l'Académie des sciences, tableau d'Henri Testelin, 1667).

6. Où est Jean-Baptiste Colbert ? Décris son attitude (Doc. 4).

7. Décris le décor. Qelles sciences y sont représentées ?

Doc. 5 Molière en acteur tragique (tableau de Nicolas Mignard, 1660).
Jean-Baptiste Poquelin, dit Molière (1622-1673), est né dans une famille de marchands de draps à Paris. Très jeune, il parcourt la France comme acteur dans une troupe de théâtre. En 1658, de retour à Paris, il est remarqué par Louis XIV. Il écrit pour le roi des pièces de théâtre qui sont représentées à la cour. Dans ses comédies, il décrit la société de l'époque de Louis XIV.

8. Cherche le nom de quatre comédies écrites par Molière.

Le château de Versailles et sa galerie des Glaces

Le château de Versailles et ses jardins sont visités chaque année par environ dix millions de personnes. Plusieurs traités y ont été signés, notamment le traité de Versailles qui mit fin à la guerre de 1914-1918, signé le 28 juin 1919 dans la galerie des Glaces.

La galerie des Glaces.

Des auteurs encore célèbres aujourd'hui

Louis XIV a protégé et financé de nombreux artistes et écrivains. Certains sont très célèbres encore aujourd'hui :

- Pierre Corneille (1606-1684) est considéré comme le père de la tragédie française. La plus célèbre est *Le Cid*.
- Jean Racine (1639-1699) était l'historien du roi. Il est également l'auteur de tragédies célèbres, comme *Andromaque* ou *Phèdre*.
- Molière (1622-1673) est l'auteur de comédies, comme *Les Précieuses ridicules*, *L'Avare*, *Le Bourgeois gentilhomme* ou *Le Malade imaginaire*.
- Jean de La Fontaine (1621-1695) était un poète. Il a écrit des contes et des fables (*Le Corbeau et le Renard*, *Le Rat des villes et le Rat des champs*…).

Portrait de Pierre Corneille (gravure du XIXe siècle).

Représentation du « Cid » dans la cour d'Honneur du palais des Papes, à Avignon (mise en scène de Jean Vilar).

LOUIS XIV

Le « Roi-Soleil »

Louis XIV se fait représenter sous les traits du dieu Apollon, dieu grec de la Lumière, du Soleil et de l'Intelligence, et se fait appeler « Roi-Soleil ». Il se compare à l'astre solaire. Par ce nom, il veut montrer qu'il est supérieur à tous les autres souverains.

Louis XIV costumé en Apollon pour un ballet (dessin d'un anonyme, XVIIe siècle).

LEXIQUE

Cour : princes et nobles qui entourent le roi à Versailles, qui le flattent et qui participent aux fêtes qu'il organise.

Étiquette : ensemble de règles à respecter à la cour du roi.

Monarchie : gouvernement d'un seul (*mono* en grec).

Monarchie absolue : monarchie où le roi exerce un pouvoir sans limites.

CARNET DE ROUTE

Louis XIV, roi absolu

À la mort de Louis XIII, en 1643, Louis XIV devient roi. Il a 5 ans. Jusqu'à sa majorité, c'est sa mère, Anne d'Autriche, qui exerce le pouvoir, assistée de Mazarin, son Premier ministre.

Louis XIV gouverne seul la France de 1661 à 1715. La **monarchie** se transforme progressivement. Elle devient une **monarchie absolue**. Le roi rassemble les nobles autour de lui afin de mieux les contrôler et impose une **étiquette** stricte.

Pour gouverner la France, il s'entoure de ministres. Le plus important d'entre eux, **Jean-Baptiste Colbert**, améliore l'industrie, le commerce et l'agriculture de la France et développe les colonies. Il s'efforce de limiter les dépenses du royaume.

Louis XIV et Versailles

Dès 1661, Louis XIV fait aménager, puis agrandir **un ancien pavillon de chasse qui devient le château de Versailles**. Il fait appel aux architectes Louis Le Vau et Jules Hardouin-Mansart. De magnifiques jardins sont aménagés par André Le Nôtre. De grandes fêtes y sont organisées. Les nobles rêvent de vivre à la **cour** de Versailles en devenant des courtisans.

À partir de 1682, **Versailles est la capitale du royaume**. Paris ne redeviendra capitale de la France qu'en 1789, après la Révolution.

Louis XIV, « protecteur des Arts et des Lettres »

Louis XIV fait appel à de grands peintres pour décorer le château de Versailles. Sous son règne, le théâtre français est représenté par **Pierre Corneille**, **Jean Racine** et **Molière**.

Le poète Jean de La Fontaine, s'inspirant du poète grec Ésope, décrit dans ses fables la cour et la société française.

QU'ÉTAIT LA FRANCE

Louis XIV a mené des guerres qui ont permis d'agrandir la France. En raison de ses conquêtes, du luxe de la cour et de la puissance du Roi-Soleil, le règne de Louis XIV est parfois appelé « le Grand Siècle ». Mais les guerres coûtent cher au pays : il faut augmenter les impôts et la France connaît des révoltes populaires.

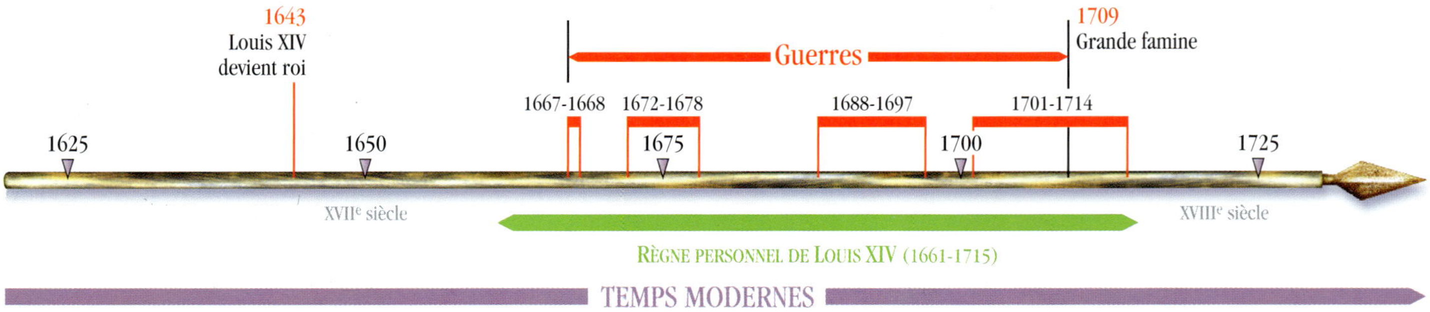

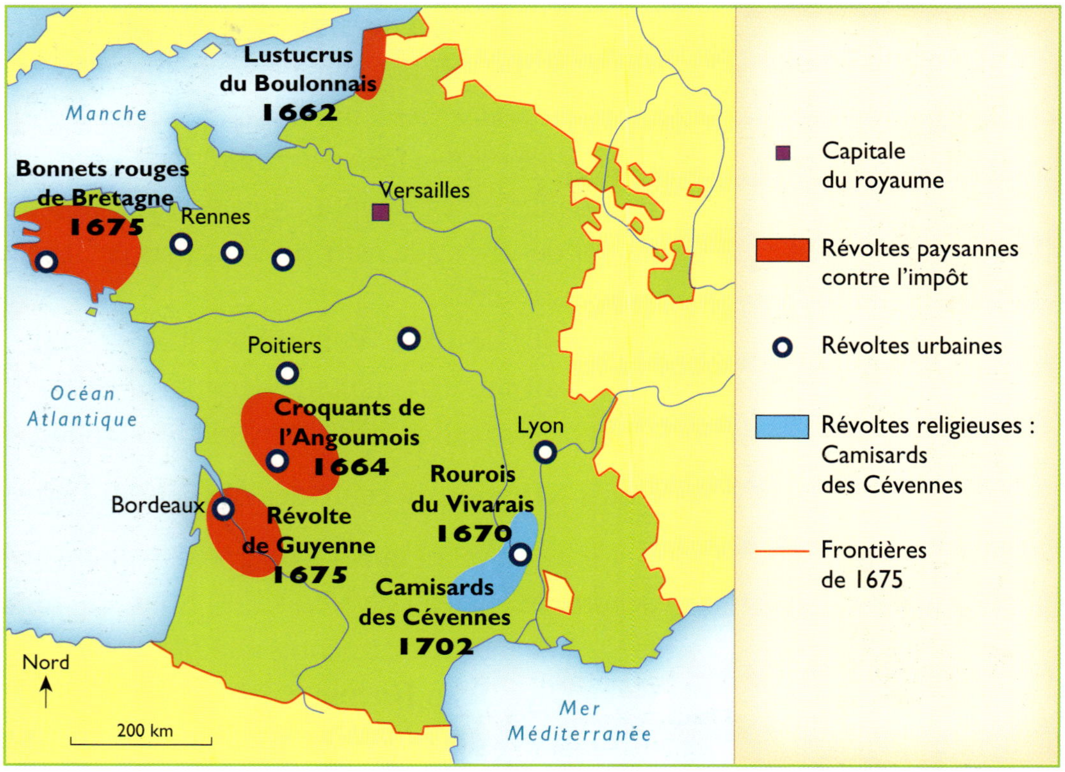

Doc. 1 La France au temps de Louis XIV : les révoltes.

1. Dans quelles régions de France y a-t-il des révoltes ?

AU TEMPS DE LOUIS XIV ?

PRIVILÈGES ACCORDÉS PAR LE ROI DE FRANCE

Nous permettons au sieur Van Robais de venir s'installer à Abbeville avec cinquante ouvriers hollandais, d'y établir une manufacture de draps fins et d'y installer trente métiers à draper. Nous voulons que lui, ses associés et ses ouvriers étrangers soient naturalisés français. Ils seront dispensés de payer les impôts. Il sera interdit d'imiter la fabrication de ses draps pendant vingt ans.

D'après *Privilèges accordés à Van Robais par Louis XIV*, 1665.

Doc. 2

2. Qu'est-ce qu'un privilège ?

3. De quels privilèges M. Van Robais bénéficie-t-il ?

PRIVILÈGES CONFIRMÉS PAR LE ROI DE FRANCE

Privilèges accordés par les ducs de Bourgogne, leurs premiers souverains, à savoir le droit de rendre la justice, la garde des portes de la ville, le droit d'élire leur maire, le droit de posséder des terres nobles, le droit de pêche et de chasse, le droit d'organiser des foires sans payer de taxes.
Ces privilèges sont confirmés.

D'après la *Charte de confirmation des droits de Dijon*, 1781.

Doc. 3

4. Qui a accordé des privilèges à Dijon ?

5. Que fait le roi de France ?

Doc. 4 La vie à la campagne **(La forge, tableau de Louis Le Nain, 1650).** La plus grande partie de la population française vit à la campagne. Seuls les paysans riches possèdent des chevaux : c'est le forgeron qui ferre leurs sabots.

6. Quels outils le forgeron utilise-t-il ?

7. Pourquoi est-il un personnage important ?

Doc. 5 Les petits métiers en ville **(Le marché à la volaille et au pain, à Paris, tableau de l'École française, 1660).** Dans les villes, les petits métiers sont nombreux : porteur d'eau, savetier (réparateur de chaussures), blanchisseuse, tonnelier, marchand de pain...

8. Décris le costume des différents personnages.

Doc. 1 Vauban (1633-1707), un ingénieur militaire de Louis XIV **(Vauban en costume de maréchal de France, tableau de l'École française, XVIIe siècle).**
Sébastien Le Prestre de Vauban est issu de la petite noblesse de Bourgogne.
Il devient ingénieur militaire du roi à 22 ans et participe aux guerres de Louis XIV.
Dès 1667, il assiège et prend de nombreuses villes.
En 1678, il est chargé par le roi de l'ensemble des fortifications du royaume (il devient commissaire général aux Fortifications).
En 1703, il est nommé maréchal de France.
Sensible à la misère du peuple, il écrit à la fin de sa vie un projet de réforme de l'impôt : « La Dîme royale ».

1. Quelle tâche le roi confie-t-il à Vauban en 1678 ? Pourquoi ? (Doc. 1)

2. Cherche ce qu'est un maréchal de France.

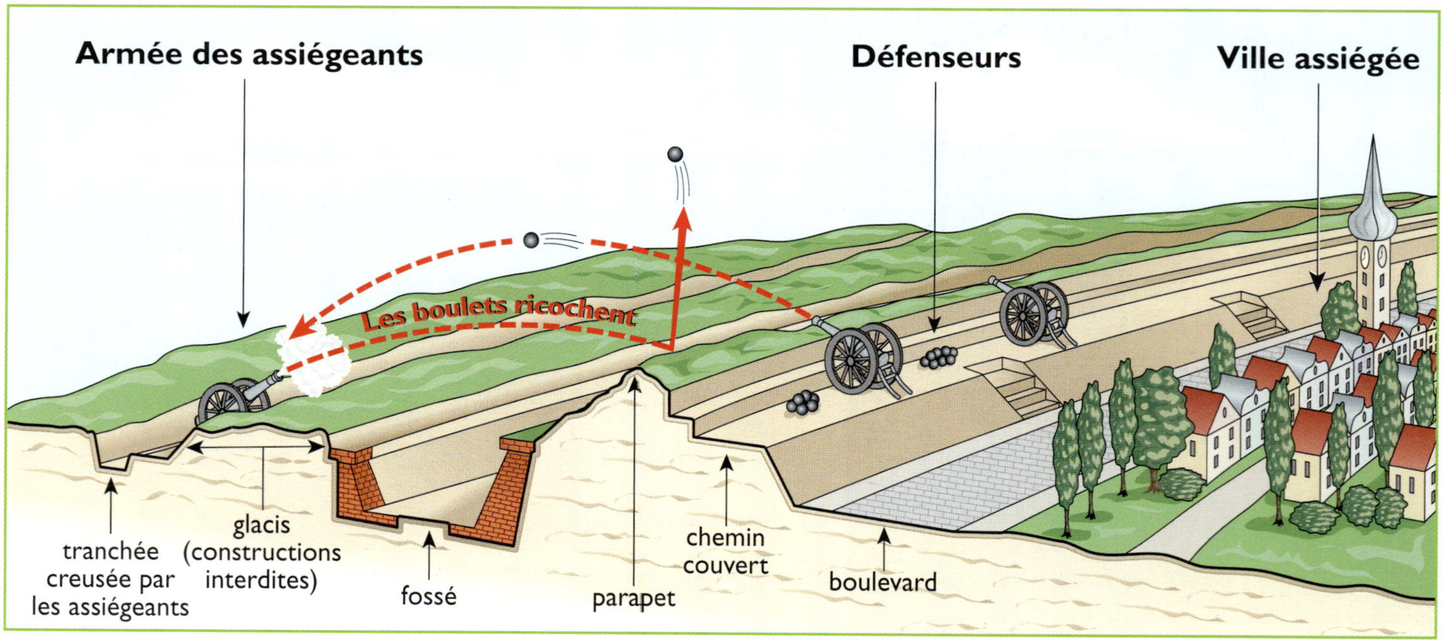

Doc. 2 Coupe d'une fortification de Vauban.

3. Comment fait-on pour protéger les canons ?

4. Quelle différence vois-tu avec les fortifications du Moyen Âge ?

FRANÇAISE SOUS LOUIS XIV

Doc. 3 Le passage du Rhin par Louis XIV et son armée (tableau de Joseph Parrocel, 1699).
Durant les guerres, les fleuves sont des barrières naturelles difficiles à franchir par les armées qui comptent des milliers de soldats, des canons, des chevaux, des chariots, le matériel pour les sièges, les munitions, etc. Au début de la guerre de Hollande (1672-1678), Louis XIV réussit à faire passer le Rhin à toute son armée : c'est un véritable exploit.

5. Où est le roi de France (Doc. 3) ?

6. Décris son attitude ?

7. Que vois-tu à l'arrière-plan ?

Doc. 4 L'entrée de Louis XIV à Lille en 1680 (gravure, XVIIe siècle).
La ville de Lille est conquise par Louis XIV en 1667. Régulièrement, le roi de France vient visiter les villes conquises. C'est le cas à Lille en 1680. Le personnage agenouillé devant le roi est le magistrat de Lille (équivalent du maire aujourd'hui).

8. Décris l'attitude du magistrat de Lille.

LA MISÈRE DU PEUPLE DURANT LA FAMINE DE 1709

La nuit du 5 au 6 janvier 1709, il commença un hiver qu'on appellera jusqu'à la fin du monde « le gros hiver ». Il dura trois mois et fut d'une force incroyable, entremêlé de neige que le vent chassait dans les endroits les plus bas, de sorte que tous les blés furent gelés. Les plus gros chênes des bois se fendaient sous le gel. Les pruniers, les cerisiers moururent et les autres arbres furent gelés. Dès que les marchands de grains virent les grains gelés, ils en haussèrent le prix et le grain, qui se vendait l'année précédente une livre et huit sous la mesure, se vendait douze livres.

D'après le *Journal de l'abbé Dubois*, curé de Rumegies, année 1709.

Doc. 5

9. Pourquoi l'hiver 1709 est-il si terrible ?

10. Quelles sont les conséquences des gelées ?

Les fortifications de Vauban

Les fortifications de Vauban sont encore visibles dans bien des villes françaises. Certaines (comme celle de Bergues) ont joué un rôle défensif en 1940, au début de la Seconde Guerre mondiale.

Vue aérienne de la citadelle de Lille construite par Vauban.

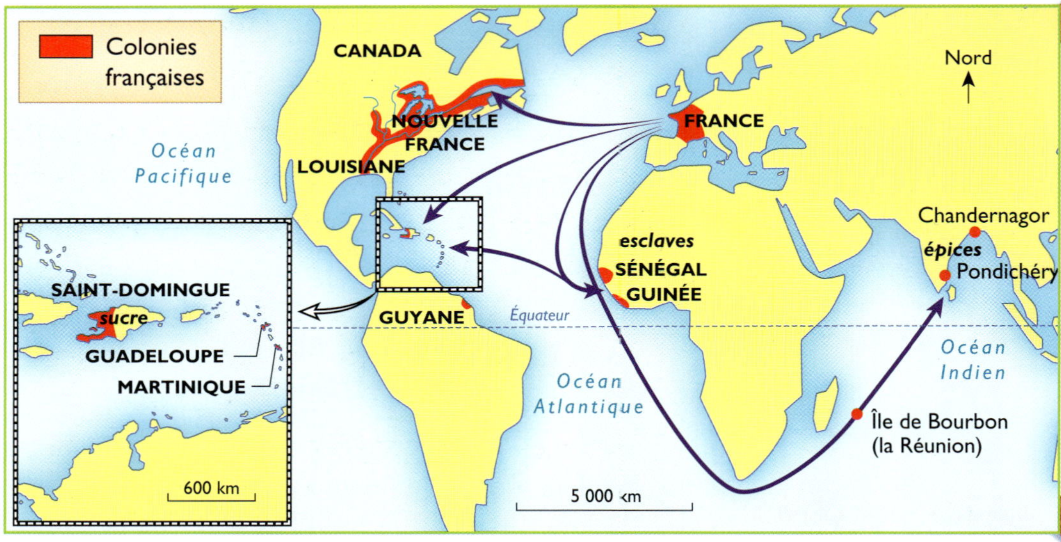

Les colonies françaises sous le règne Louis XIV.

Un premier empire colonial

La France agrandit son empire colonial. Cavelier de La Salle descend le Mississippi jusqu'à son embouchure. En l'honneur du roi, cette région est appelée Louisiane.

La révocation de l'édit de Nantes

L'édit de Nantes (voir page 22) est révoqué, c'est-à-dire aboli, par Louis XIV, en 1685. Les protestants doivent se convertir au catholicisme. Ceux qui s'y refusent sont arrêtés. Beaucoup de protestants fuient la France.

Les dragonnades ou la conversion forcée des protestants (lithographie d'Engelman d'après un dessin de 1685).

L'Académie française

L'Académie française, chargée de rédiger le Dictionnaire et de veiller au bon usage de la langue française, a été fondée en 1635 par le cardinal de Richelieu. Cependant, c'est Louis XIV et Jean-Baptiste Colbert qui lui ont donné tout son éclat. En effet, ils créent en 1663 l'Académie des inscriptions et belles lettres et en 1666 l'Académie des sciences.

L'entrée de l'Académie française.

LEXIQUE

Peste : maladie contagieuse, souvent mortelle, qui se transmet par la puce et le rat. Elle est très fréquente en Europe jusqu'au début du XVIIIe siècle.

Privilège : du latin *privata lex*, « loi privée ». C'est un avantage donné à une personne ou à un groupe de personnes.

CARNET DE ROUTE

Les guerres de Louis XIV

Durant les premières années du règne de Louis XIV, la France s'est agrandie de l'Alsace (1648) et du Roussillon (1659). En 1661, la France est le pays le plus peuplé et le plus puissant d'Europe.

À partir de 1667, le roi mène **des guerres qui seront de plus en plus longues et coûteuses pour le pays**. La France a gagné la Flandre, le Hainaut, la Franche-Comté et Strasbourg.

L'Empire colonial français s'agrandit en Amérique (Québec, Louisiane, Antilles).

Vauban et la « frontière de fer » française

Vauban accompagne le roi dans ses guerres. Il prend des villes comme Tournai, Douai, Lille, Maastricht, Valenciennes, Luxembourg et Namur. « **Place assiégée par Vauban, place prise** », dit-on à son sujet.

Il construit trente-trois forteresses (Lille, Arras, Tournai…) et en aménage trois cents, réalisant ainsi une « frontière de fer ». Ces places fortes ont permis à la France de résister à plusieurs reprises à des invasions.

Les sujets du roi de France

Certains sujets du roi (nobles, bourgeois, artistes…) bénéficient de **privilèges**. Les autres subissent les effets des dépenses du roi (guerres, fêtes à la cour...) : ils paient de lourds impôts.

Les mauvaises récoltes et les épidémies de **peste** sont fréquentes. En 1709, la France connaît une famine terrible. Les paysans, les ouvriers agricoles et les petits artisans ont pour **principale préoccupation de se nourrir pour survivre**. On entend cette prière dans les églises : « De la peste, de la guerre, de la faim, délivre-nous, Seigneur ! »

QU'EST-CE QUE

Au XVIIIe siècle, l'« Encyclopédie » est le texte le plus important de l'Europe des Lumières. C'est un très gros dictionnaire comprenant vingt-huit volumes publiés de 1751 à 1772. Il contient l'ensemble des connaissances de l'époque. Les auteurs de certains articles de l'« Encyclopédie » critiquent l'Église et le pouvoir royal.

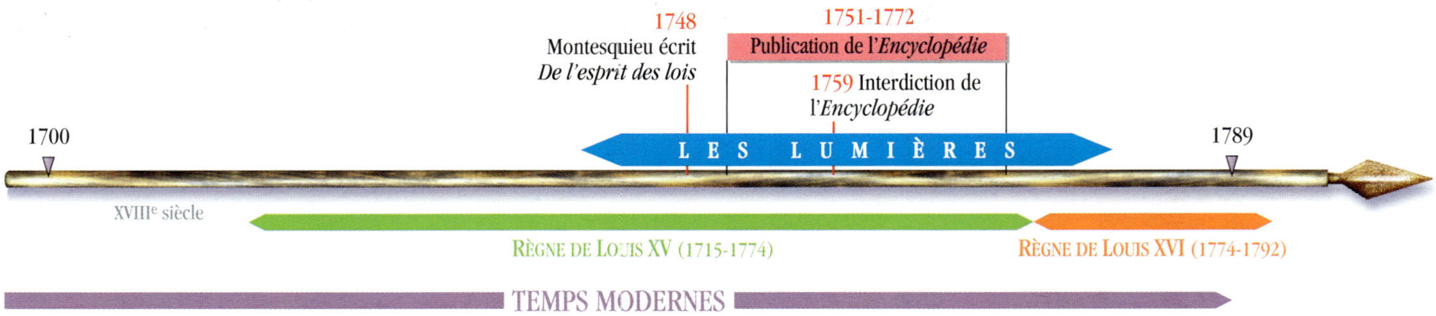

Doc. 1 L'Europe des Lumières.

1. Quels sont les principaux pays touchés par le courant des Lumières ?

L'ENCYCLOPÉDIE ?

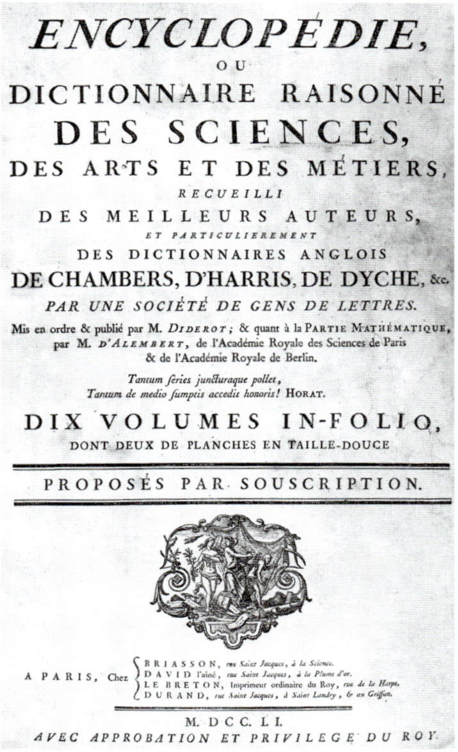

ENCYCLOPÉDIE,
OU
DICTIONNAIRE RAISONNÉ
DES SCIENCES,
DES ARTS ET DES MÉTIERS,
RECUEILLI
DES MEILLEURS AUTEURS,
ET PARTICULIEREMENT
DES DICTIONNAIRES ANGLOIS
DE CHAMBERS, D'HARRIS, DE DYCHE, &c.
PAR UNE SOCIÉTÉ DE GENS DE LETTRES.
Mis en ordre & publié par M. DIDEROT; & quant à la PARTIE MATHÉMATIQUE, par M. D'ALEMBERT, de l'Académie Royale des Sciences de Paris & de l'Académie Royale de Berlin.

Tantum series juncturaque pollet,
Tantum de medio sumptis accedit honoris! HORAT.

DIX VOLUMES IN-FOLIO,
DONT DEUX DE PLANCHES EN TAILLE-DOUCE

PROPOSÉS PAR SOUSCRIPTION.

A PARIS, Chez
BRIASSON, *rue Saint Jacques, à la Science.*
DAVID l'aîné, *rue Saint Jacques, à la Plume d'or.*
LE BRETON, Imprimeur ordinaire du Roy, *rue de la Harpe.*
DURAND, *rue Saint Jacques, à Saint Landry, & au Griffon.*

M. DCC. LI.
AVEC APPROBATION ET PRIVILEGE DU ROY.

Doc. 2 L'Encyclopédie (page de titre de la première édition, 1751). L'Encyclopédie a réuni cent cinquante auteurs, dirigés par le philosophe Denis Diderot et le mathématicien Jean d'Alembert. Condamnée par l'Église, elle rencontre un grand succès : en 1782, quatre-vingt mille exemplaires sont déjà vendus.

Doc. 3 Une planche de l'Encyclopédie : la taillanderie ou la fabrique d'outils en métal. Aux dix-sept volumes de texte viennent s'ajouter onze volumes de planches gravées décrivant les savoirs et les techniques.

2. Montre que l'Encyclopédie fait appel à la raison (Doc. 2).

3. Combien de volumes sont prévus en 1751 ?

4. Combien de volumes l'Encyclopédie finit-elle par contenir ?

5. Décris la planche de la taillanderie (Doc. 3).

L'IMPÔT SELON L'*ENCYCLOPÉDIE*

Ne serait-ce pas rendre une nation riche et puissante que de faire participer chacun de ses membres aux richesses de l'État ? Les moyens s'offrent en foule à l'esprit :
– restreindre l'usage immodéré des richesses ;
– abolir les privilèges ;
– diminuer le nombre des fêtes ;
– corriger les abus de la taille[1] et de l'impôt sur le sel ;
– alléger les impôts et les répartir plus justement.

D'après Louis de Jaucourt, article « Impôt » de l'*Encyclopédie*.

1. Impôt que les nobles et le clergé ne paient pas.

Doc. 4

6. Quel aspect de la France du XVIIIe siècle est critiqué dans cet article ?

LE POUVOIR DU PRINCE SELON L'*ENCYCLOPÉDIE*

Aucun homme n'a reçu de la nature le droit de commander aux autres. La liberté est un présent du Ciel et chaque individu a le droit d'en jouir aussitôt qu'il jouit de la raison. Le prince ne peut pas disposer de son pouvoir et de ses sujets sans le consentement de la nation.

D'après Denis Diderot, article « Autorité politique » de L'*Encyclopédie*.

Doc. 5

7. D'où vient le pouvoir d'un prince (Doc. 5) ?

8. Le roi de France au XVIIIe siècle tient-il son pouvoir du peuple ?

Doc. 1 Voltaire chez le roi de Prusse, au château de Sans-Souci près de Berlin **(tableau d'Adolf von Menzel, 1850).**
Voltaire (1694-1778) est l'un des principaux philosophes des Lumières en France, avec Montesquieu et Jean-Jacques Rousseau. Il se rend à la cour du roi de Prusse Frédéric II en 1750, persuadé que ses idées pourront influencer ce monarque.
Mais il n'y parvient pas et rentre en France en 1753.

1. Décris la scène.

2. Montre que Voltaire est bien accueilli par le roi de Prusse.

LES PHILOSOPHES DES LUMIÈRES POUR LA TOLÉRANCE

C'est à Toi, Dieu de tous les êtres, de tous les mondes, de tous les temps, que je m'adresse. Tu ne nous as pas donné un cœur pour nous haïr et des mains pour nous égorger. Fais que nous nous aidions mutuellement à supporter le fardeau d'une vie pénible et passagère. Que toutes ces petites nuances qui distinguent les hommes ne soient pas des signaux de haine et de persécution.

D'après Voltaire, *Traité sur la tolérance*, 1763.

Doc. 2

3. Voltaire croit-il en Dieu ?

4. Montre qu'il est tolérant.

LA CRITIQUE DE LA NOBLESSE

En France, un noble méprise souverainement un négociant. Je ne sais pourtant lequel est le plus utile à l'État, ou un seigneur bien poudré qui sait précisément à quelle heure le roi se lève, ou un négociant qui enrichit son pays, donne des ordres en Inde et au Caire et contribue au bonheur du monde.

D'après Voltaire, *Lettres philosophiques*, 1734.

Doc. 3

5. Pourquoi Voltaire défend-il les négociants contre les nobles ?

6. Que pense-t-il des nobles ?

Doc. 4 Mozart et son père à la cour de France **(aquarelle de Carmontelle, 1763).**
Né à Salzbourg (Autriche) en 1756, Mozart est un compositeur précoce. Très jeune, il voyage dans toute l'Europe. Il est l'auteur de nombreux chefs-d'œuvre, des opéras comme « Don Juan », « Les Noces de Figaro » ou « La Flûte enchantée », des messes, des sonates. Son génie n'est pas reconnu de son vivant : il meurt pauvre en 1791.

7. Quel âge a Mozart sur ce document ?

8. Que fait-il ?

Doc. 5 L'oiseleur Papageno, un personnage de l'opéra « La Flûte enchantée » **(gravure de Karl Friedrich Thiele, 1816).**
« La Flûte enchantée » est d'abord un conte dont certains personnages sont très connus (Papageno, la Reine de la Nuit). C'est aussi un opéra qui correspond bien à la pensée de l'Europe des Lumières : Mozart y célèbre la fraternité et la sagesse.

9. Décris le personnage de Papageno.

Doc. 6 Les progrès techniques au siècle des Lumières **(« La machine à vapeur », artiste anonyme, vers 1790).**
En 1763, l'Écossais James Watt perfectionne la machine à vapeur. Elle est utilisée dans les mines de charbon et sert à pomper l'eau qui s'infiltre dans les galeries.

10. Décris le tableau. À quoi vois-tu qu'il s'agit d'une mine de charbon ?

Des idées nouvelles

Le siècle des Lumières a vu se développer un grand nombre d'idées nouvelles, grâce à des philosophes restés célèbres.

- Montesquieu est l'auteur de *De l'esprit des lois* (1748). Il y définit la séparation des trois pouvoirs : législatif (faire les lois), exécutif (faire appliquer les lois) et judiciaire (veiller à ce que les lois soient respectées).

Portrait de Montesquieu (1689-1755), vers 1728.

Portrait de Voltaire (1694-1778), XVIIIe siècle.

- Voltaire est l'auteur du *Dictionnaire philosophique* (1764). Il est un grand défenseur de la justice et de la liberté.

- Jean-Jacques Rousseau établit, dans le *Contrat social* (1762), les principes du gouvernement des hommes et définit ce que sont les citoyens : à la fois des hommes qui gouvernent et des hommes qui respectent les lois de l'État.

Portrait de Jean-Jacques Rousseau (1712-1778), 1753.

Des techniques nouvelles

Elles permettent l'essor industriel aux XVIIIe et XIXe siècles.

- 1711 : l'Anglais Thomas Newcomen invente une première machine à vapeur.
- 1763 : l'Écossais James Watt perfectionne la machine à vapeur de Thomas Newcomen.
- 1780 : le Français Jouffroy d'Abbans invente le bateau à vapeur.
- 1783 : En France, les frères Montgolfier inventent le ballon qui porte leur nom.

La quatorzième expérience de vol de Monsieur Blanchard avec une montgolfière faite à Lille, le 26 août 1785 (tableau de François Watteau).

Des musiciens de génie

Le XVIIIe siècle a donné naissance à de grands musiciens : Wolfgang Amadeus Mozart (1756-1791) et Jean-Sébastien Bach (1685-1750).

Né à Eisenach (Allemagne) dans une famille d'illustres musiciens, Jean-Sébastien Bach est l'auteur d'admirables œuvres de musique religieuse (portrait, vers 1715).

La critique de la religion

« Le pape est le chef des chrétiens. C'est une vieille idole qu'on encense par habitude. C'est un magicien. Tantôt il fait croire que trois ne font qu'un, que le pain qu'on mange n'est pas du pain, ou que le vin qu'on boit n'est pas du vin et mille autres choses de cette espèce. »

D'après Montesquieu, *Lettres persanes*, numéros 24 et 29, 1721.

« La foi consiste à croire non ce qui semble vrai, mais ce qui nous semble faux. Les Asiatiques ne peuvent croire que par la foi le voyage de Mahomet dans les sept planètes, les incarnations de Vishnou[1], de Brahma[1]. Ils ne veulent ni être empalés, ni brûlés ; ils disent : "Je crois." »

D'après Voltaire, *Dictionnaire philosophique*, article « Foi », 1764.

1. Divinités de la religion hindouiste.

LEXIQUE

Les Lumières : courant de pensée, en Europe, au XVIIIe siècle, pour lequel le progrès est lié à la liberté et à la raison.

Philosophe : vient d'un mot grec qui signifie « ami de la sagesse ». Au XVIIIe siècle, le mot désigne des écrivains qui réfléchissent sur la politique et l'organisation de la société.

Souverain : qui ne dépend de personne, d'aucun autre pouvoir.

Tolérance : respect des opinions et des croyances des autres.

CARNET DE ROUTE

Les Lumières, des idées nouvelles

Au XVIIIe siècle, un nouveau courant de pensée apparaît en Europe : **les Lumières**. Il s'agit d'« éclairer » les hommes en s'aidant de la raison et de la science. Les **philosophes** des Lumières critiquent la monarchie et l'Église.

Ils réclament **la liberté individuelle, l'égalité des droits et la liberté de pensée et de croire**. Cela provoque un conflit avec l'Église. Ils se montrent cependant très attachés à la **tolérance**.

En France, la critique de la monarchie absolue

Montesquieu affirme que tous les pouvoirs ne doivent pas êtres concentrés entre les mains d'une seule personne : il établit, en 1748, **le principe de la séparation des pouvoirs** exécutif, législatif et judiciaire. **Jean-Jacques Rousseau** affirme que le peuple est **souverain**, ce qui signifie que le roi n'a pas tous les pouvoirs.

D'autres philosophes, comme **Voltaire ou Diderot**, combattent l'injustice et luttent pour la liberté, notamment des esclaves. Mais ils ne réclament pas la suppression de la monarchie.

La diffusion des idées nouvelles

La pensée des Lumières se diffuse par des livres dont le plus important est l'*Encyclopédie*. Malgré l'opposition de l'Église, **elle connaît un grand succès**. Les idées des Lumières sont largement diffusées ailleurs qu'en France, surtout en Allemagne mais aussi en Italie, en Angleterre et en Russie, à la cour des **souverains**.

Au XVIIIe siècle, des progrès s'accomplissent dans d'autres domaines. **Les techniques s'améliorent** grâce à l'invention de la machine à vapeur. **Des compositeurs de talent** comme Bach et Mozart composent des œuvres mondialement connues.

Je découvre le potager du roi

Le parc du château de Versailles est un lieu de promenade pour le roi et ses courtisans. Mais il y a aussi un grand potager, destiné à approvisionner la cour en fruits et en légumes selon les saisons. Il se situe en contrebas du parc du château, près de la pièce d'eau des Suisses. C'est Jean de La Quintinie qui en est responsable à l'époque de Louis XIV.

J'observe le plan du potager du roi

Le potager royal, comme le parc, est constitué de formes géométriques organisées symétriquement autour d'un élément central : une fontaine. Autour de cette fontaine se trouvent 16 carrés dans lesquels poussent des légumes et des fruits. L'ensemble de ces carrés forme un grand rectangle. Autour, 29 jardins clos contiennent notamment des arbres fruitiers. Un grand mur d'enceinte clôt le jardin.

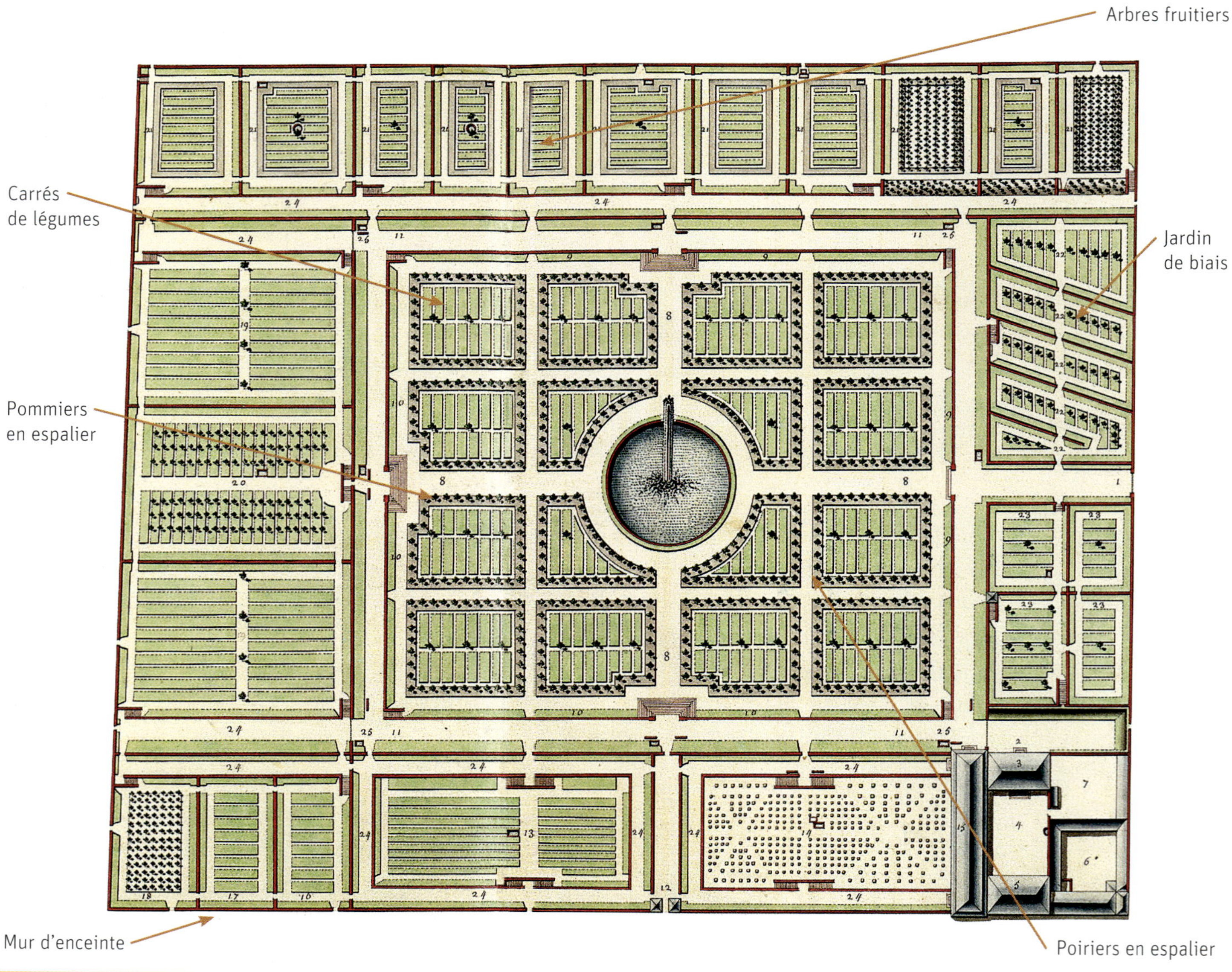

un potager royal

Je fais le plan d'un jardin potager

Comme M. de La Quintinie, trace un jardin potager.

Matériel à prévoir

Pour créer ton potager, il te faut :

- une feuille de papier A4 à petits carreaux
- une règle
- un compas
- une équerre
- des craies grasses ou des crayons de couleur
- une feuille de papier fort

1. Trace sur la feuille à petits carreaux un carré de 18 cm de côté : c'est le mur d'enceinte de ton jardin.
2. Trace très légèrement les deux diagonales du carré. Elles se coupent en un point qui est le centre du jardin.
3. Trace un cercle de 2 cm de rayon, ayant comme centre le point d'intersection des diagonales. Tu viens de dessiner la pièce d'eau centrale.

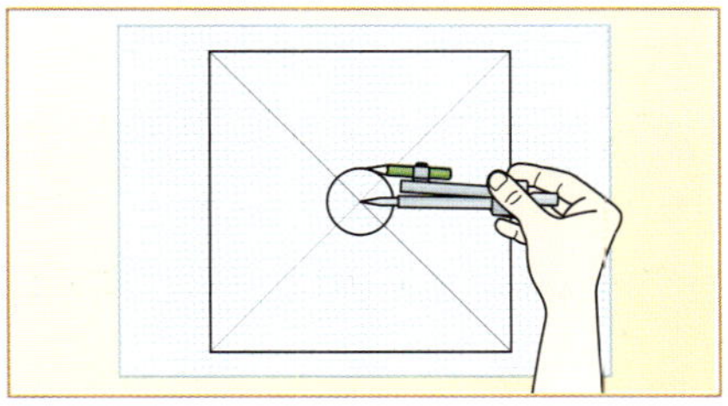

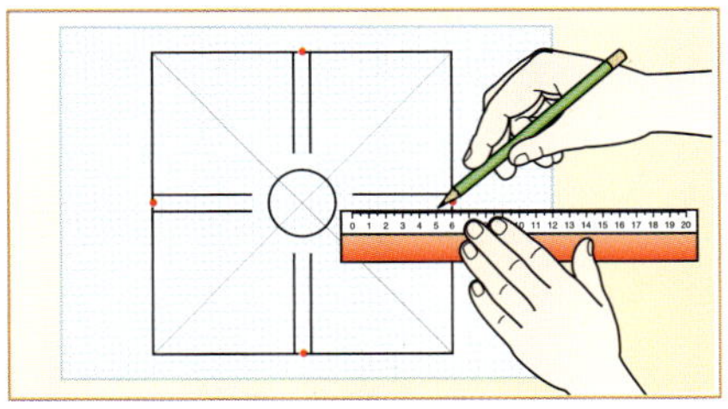

4. Marque le milieu de chacun des côtés du grand carré.
5. À 0,5 cm à droite et à gauche de chacun des milieux, trace un segment de droite de 6 cm, perpendiculaire au côté du carré vers la pièce d'eau. Tu viens de tracer les grandes allées de ton jardin.

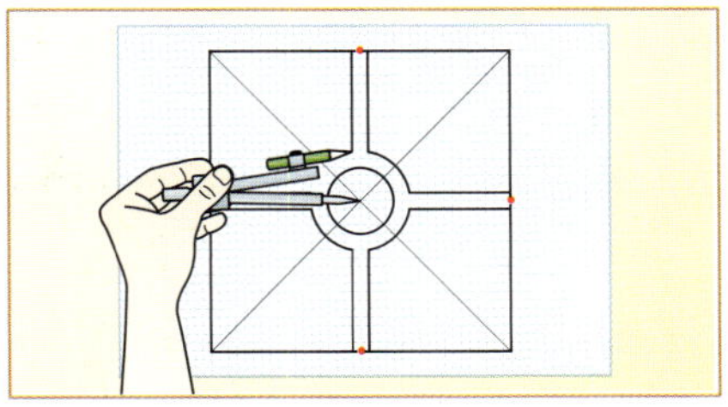

6. Trace un cercle concentrique à la pièce d'eau centrale, de 3 cm de rayon. Interromps ton tracé chaque fois que tu rencontres les allées principales. Tu viens de délimiter quatre zones à aménager.

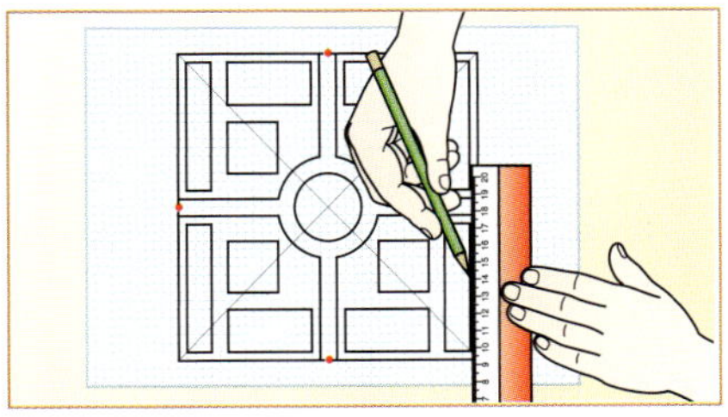

7. Dans chacune des quatre zones, trace des carrés ou des rectangles pour aménager ton potager. N'oublie pas de respecter la règle de la symétrie par rapport à la pièce d'eau centrale.

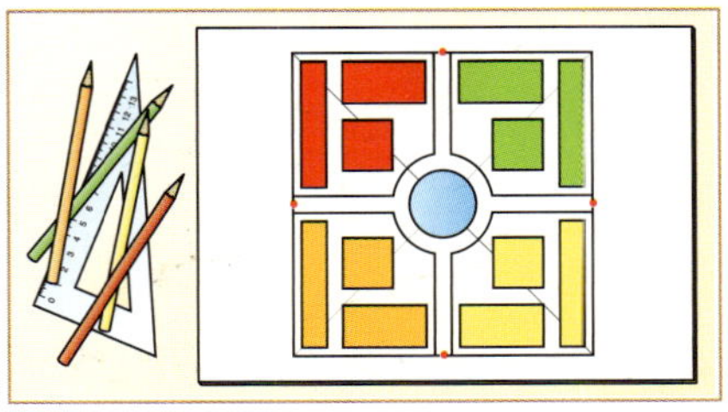

8. Quand tu es satisfait(e) de tes tracés, tu peux les reproduire sur la feuille de papier fort. Utilise alors ton équerre pour tracer les angles droits du carré.
9. Pour mettre en valeur les tracés de ton potager, choisis les fruits et les légumes que tu veux y faire pousser. Utilise des craies grasses ou des crayons de couleur pour donner des couleurs à ton potager et note dans chaque partie délimitée le nom des fruits ou des légumes que tu veux faire pousser.

Au début du XVIIIe siècle, l'Amérique est composée de colonies européennes. En 1776, les treize colonies anglaises d'Amérique du Nord se révoltent et prennent le nom d'« États-Unis d'Amérique ». Soutenues par la France, elles gagnent la guerre contre l'Angleterre, qui reconnaît leur indépendance en 1783.

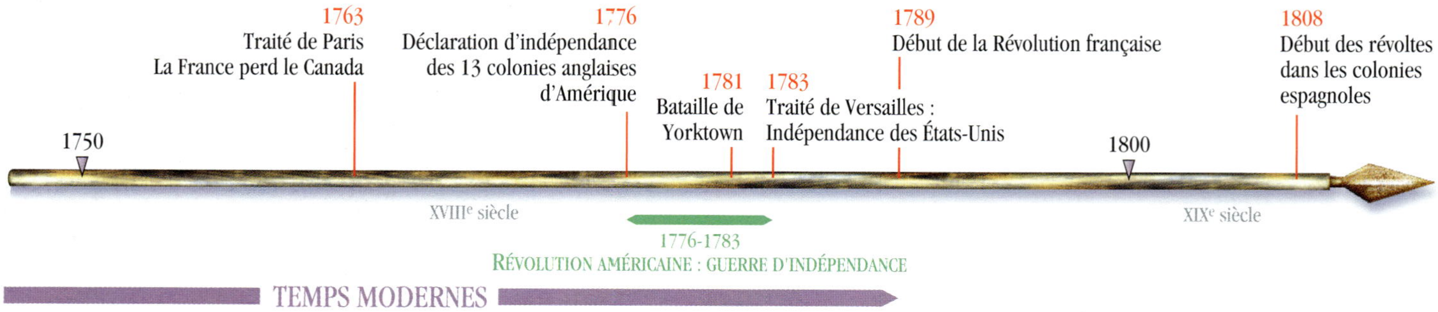

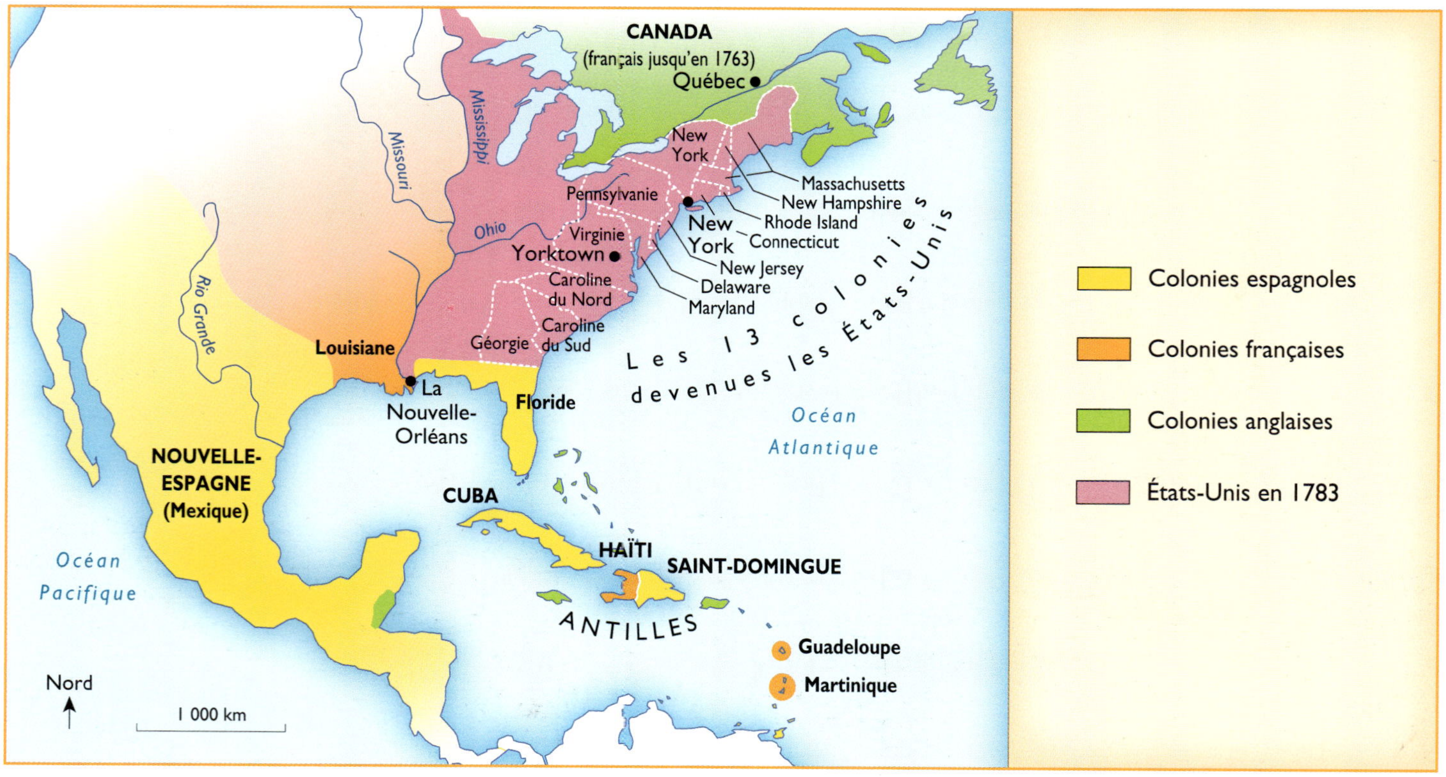

Doc. 1 L'Amérique du Nord en 1783.

1. *Quelle est la limite des États-Unis à l'ouest en 1783 ?*
2. *La Floride et la Louisiane font-elles partie des États-Unis en 1783 ?*

LES ÉTATS-UNIS ?

DÉCLARATION D'INDÉPENDANCE DES TREIZE COLONIES ANGLAISES D'AMÉRIQUE EN 1776

Ce texte a été rédigé par des représentants des colons américains.

Nous tenons ces vérités pour évidentes :
– tous les hommes naissent égaux ;
– le Créateur leur a donné des droits inaliénables[1] parmi lesquels la vie, la liberté, la recherche du bonheur ;
– pour garantir ces droits, les hommes forment des gouvernements et le pouvoir de ces gouvernements vient du consentement des hommes gouvernés ;
– si un gouvernement ne reconnaît pas ces principes, le peuple a le droit d'instituer un nouveau gouvernement qu'il fondera sur ces principes.

1. Qu'on ne peut enlever.

Doc. 2

3. D'après le Doc. 2, quels droits sont accordés aux hommes ?

4. Qui leur a donné ces droits ?

5. Que peut faire le peuple si un gouvernement ne reconnaît pas ces principes ?

Doc. 3 George Washington (tableau de Charles Peale, 1779).
George Washington (1732-1799) est le chef militaire des colons insurgés. Il deviendra le premier président des États-Unis.

6. Recherche quand Washington est devenu président.

7. À quoi a-t-il donné son nom ?

Doc. 4 La capitulation de Yorktown le 19 octobre 1781 (tableau de John Trumbull, XVIIIe siècle).
Le général anglais Cornwallis, vaincu, défile, à la tête de ses troupes, entre les Français et les Américains.

8. Observe les drapeaux qui figurent dans le tableau. Où sont les Américains ? Où sont les Français ?

9. Pourquoi les Français sont-ils présents sur ce tableau ?

SUR LES TRACES DES HOMMES EN

Doc. 1 Un Indien en Amérique du Nord (**guerrier indien iroquois, dessin de Jacques Grasset de Saint-Sauveur, 1787**).
Les premiers occupants de l'Amérique du Nord, les Indiens – ou Amérindiens – sont repoussés par les colons européens dès le XVIIIe siècle. Victimes des guerres, de massacres et d'épidémies, leur nombre diminue.

Doc. 2 La maison d'un pionnier sur la frontière (**gravure de Nathanael Currier et James Merritt Ives, 1867**).
La « frontière » marque la limite entre les colonies européennes et le monde indien. Les Européens qui partent vers l'ouest, défrichent les forêts et repoussent les Indiens sont appelés « pionniers ». Ils participent à la « conquête de l'Ouest ».

1. Décris l'armement de l'Indien (Doc. 1).

2. Décris le costume des pionniers et leur maison (Doc. 2).

3. Recherche ce qu'est la « conquête de l'Ouest ».

Doc. 3 Une plantation dans le Sud des colonies anglaises au XVIIIe siècle.
Dans les plantations des colonies d'Amérique du Nord, des esclaves, noirs pour la plupart, cultivent le tabac, le coton et la canne à sucre.

4. Où est le propriétaire de la plantation ?

5. Que font les esclaves ?

Doc. 4 La traite atlantique.
À partir de la fin du XVIe siècle, des trafiquants d'esclaves européens vont acheter en Afrique des esclaves noirs à des chefs locaux. Ils leur font traverser l'océan Atlantique à bord de navires négriers et les vendent ensuite en Amérique : c'est la traite atlantique.
Depuis près d'un millénaire, des trafiquants d'esclaves arabes ramenaient vers les pays musulmans des esclaves noirs, à travers le Sahara. Cette autre traite porte le nom de « traite saharienne ».

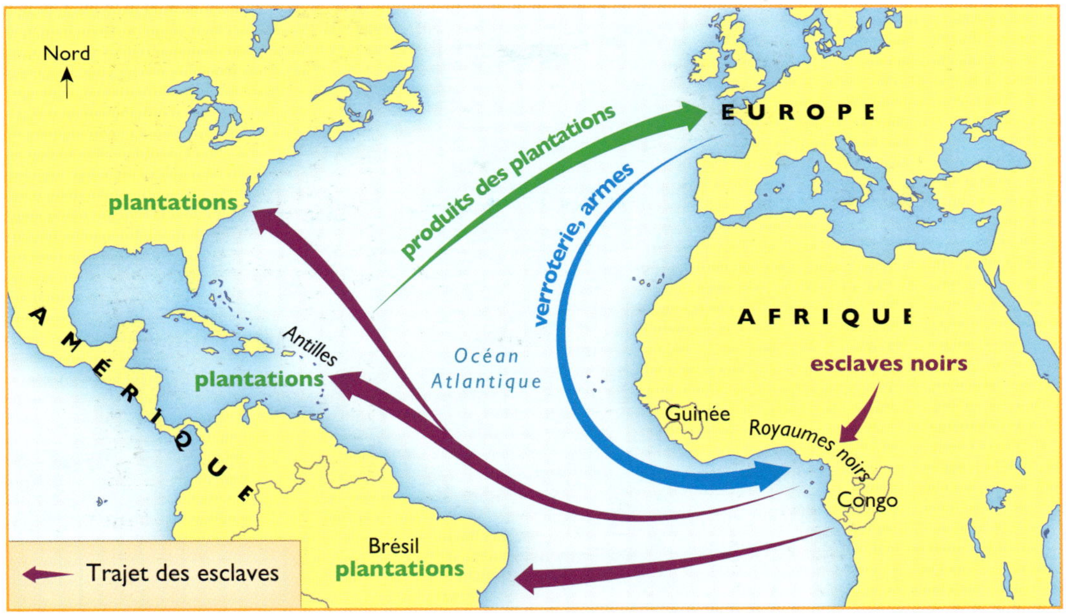

6. Décris le trajet suivi par les esclaves noirs (Doc. 4).

7. Décris le trajet suivi par les navires négriers.

8. D'après le Doc. 4, où se situe cette scène ?

9. Décris la scène à gauche de l'image.

10. Que font les personnages à droite de l'image ?

Doc. 5 Embarquement d'esclaves en Afrique (gravure, XVIIIe siècle).

Le drapeau des États-Unis

Le drapeau actuel des États-Unis vient du drapeau des insurgés de 1787. Les treize bandes horizontales correspondent aux treize colonies insurgées. À l'origine, on ne comptait que treize étoiles, qui remplaçaient le drapeau britannique dans le coin supérieur gauche. Aujourd'hui, on compte cinquante étoiles, une par État des États-Unis. Ainsi le drapeau actuel est un résumé de l'histoire de ce pays.

Le drapeau des insurgés avant la déclaration d'indépendance.

Le drapeau adopté en 1776.

Le drapeau américain aujourd'hui.

Le Capitole, symbole de la démocratie américaine

Le Capitole est le siège du Congrès (qui comprend les représentants du peuple et du territoire des États-Unis), à Washington, capitale des États-Unis depuis 1800.

Le Capitole à Washington.

Des États indépendants en Amérique

En 1776, il n'y avait aucun État indépendant sur tout le territoire américain. En un demi-siècle, la plupart des colonies anglaises, espagnoles et portugaises d'Amérique sont devenues indépendantes.

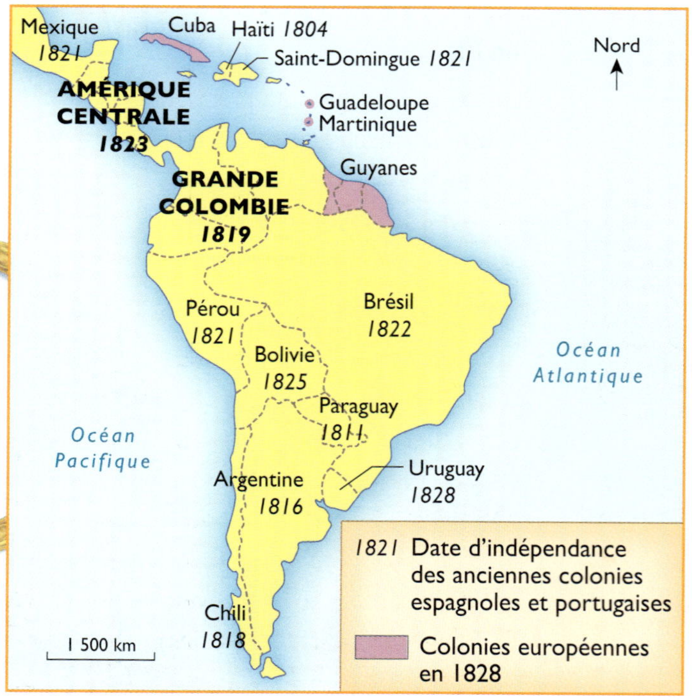

AMÉRICAIN

La Constitution des États-Unis (1787)

C'est la plus ancienne Constitution écrite du monde. Elle est toujours en vigueur aujourd'hui.
« **Article i :** La Chambre des représentants sera composée de membres choisis tous les deux ans par le peuple des différents États. Le Sénat des États-Unis sera composé de deux sénateurs pour chaque État, choisis pour six ans.
Article ii : Le pouvoir exécutif reviendra à un président des États-Unis d'Amérique pour une période de quatre ans. Le président sera commandant en chef de l'armée et de la marine des États-Unis. »

LEXIQUE

Colonie : territoire qui dépend d'un État.

Constitution : règles qui précisent le fonctionnement du gouvernement d'un pays.

Plantation : grande exploitation agricole. Une main-d'œuvre abondante y travaille.

Traite des esclaves : commerce des esclaves. Il existe plusieurs traites : la traite saharienne vers le monde musulman (depuis le VIIe siècle), la traite atlantique du XVIe au XIXe siècles, la traite d'esclaves européens blancs vers la Méditerranée (XIIe-XIXe siècles).

CARNET DE ROUTE

L'Amérique au début du XVIIIe siècle

Au début du XVIIIe siècle, le continent américain est composé de **colonies** européennes. L'Amérique du Nord est répartie entre les Anglais (**treize colonies** sur la côte Est), les Français (le **Canada** et la **Louisiane**) et les Espagnols (la **Nouvelle-Espagne**).

Dans ces colonies, de grands propriétaires créent des **plantations** qui exigent une main-d'œuvre abondante. **Les planteurs achètent des esclaves noirs amenés d'Afrique par des trafiquants appelés « négriers »**. Cette **traite** atlantique vient s'ajouter à d'autres traites plus anciennes, organisées par le monde musulman.

La naissance des États-Unis

En 1776, les colons blancs, installés dans les colonies anglaises, se révoltent contre l'Angleterre au nom de la liberté et du droit de se gouverner eux-mêmes. Ils reçoivent l'aide de nombreux volontaires européens (comme le marquis de La Fayette). Le roi de France envoie une armée.

Les Anglais sont vaincus à Yorktown, en 1781. Deux ans plus tard, ils doivent reconnaître l'indépendance des **treize colonies devenues les États-Unis d'Amérique**.

Ce jeune État est une république. Son gouvernement repose sur des principes contenus dans la *Déclaration d'indépendance* de 1776 et sur une **Constitution** établie en 1787 et toujours appliquée aujourd'hui.

L'influence de la révolution américaine

Les chefs des colons insurgés comme **Benjamin Franklin** s'appuyaient sur les idées des Lumières. Avec le succès de la révolution américaine, les idées de liberté et de Constitution influencent la France en 1789.

POURQUOI LA

Dans les années 1780, la France connaît de mauvaises récoltes et le prix du pain augmente. Les privilèges du clergé et de la noblesse sont de plus en plus mal supportés ; le mécontentement grandit. Le roi Louis XVI convoque les États généraux et demande aux Français de rédiger des cahiers de doléances. Mais une révolution éclate.

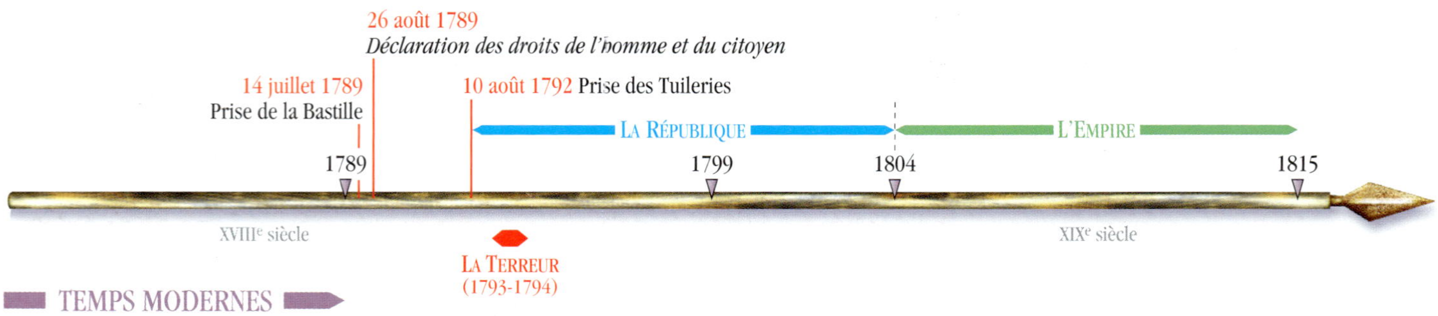

Doc. 1 La fermière en corvée (gravure, 1789).
Avant 1789, la société est divisée en trois ordres ou états : le clergé, la noblesse et le peuple ou « tiers état ». Les impôts sont surtout payés par les membres du tiers état. La corvée, qui est un travail gratuit effectué par les paysans, fait partie de ces impôts.

Doc. 2 Un garde-chasse et un paysan (gravure, XVIIIe siècle).
Avant 1789, la chasse était réservée aux seigneurs : c'était un privilège de la noblesse.

1. À quel ordre appartient chaque personnage ?
2. Qu'a voulu montrer l'auteur de cette gravure ?

3. Que tient le paysan dans sa main droite ?
4. Que lui reproche le garde-chasse ?
5. Que dénonce cette gravure ?

RÉVOLUTION DE 1789 ?

UN CAHIER DE DOLÉANCES DU TIERS ÉTAT

En prévision de la réunion des États généraux, Louis XVI demande au peuple de remplir des cahiers de doléances.

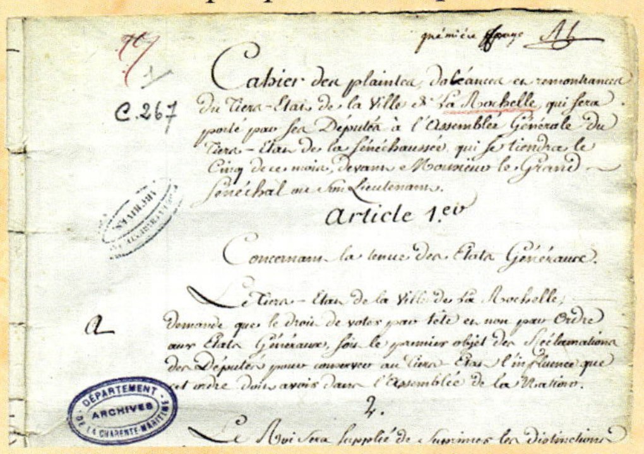

Première page d'un cahier de doléances de La Rochelle, 1789.

Nous nous trouvons surchargés d'impôts, tant par la taille[1] que par les corvées et autres droits seigneuriaux qui absorbent notre peu de revenus tandis que les ecclésiastiques et les gentilshommes, qui possèdent la majeure partie des terres de la paroisse, ne payent ni taille ni corvée.

D'après *Cahier de doléances du tiers état du village de Lhoumeau*, 1789.

1. Impôt payé au roi.

Doc. 3

6. Cherche ce qu'est une doléance.

7. Que demandent les paysans du village de Lhoumeau ?

LA DÉNONCIATION DES PRIVILÈGES ET DES INÉGALITÉS

Figaro, un serviteur s'adresse à son seigneur, le comte Almaviva.

« Monsieur le comte ! Parce que vous êtes un grand seigneur, vous vous croyez un grand génie !... Noblesse, fortune, un rang, des places, qu'avez-vous fait pour tant de biens ? Vous vous êtes donné la peine de naître, et rien de plus. »

D'après Beaumarchais, *Le Mariage de Figaro*, acte V, scène 3, 1784.

Doc. 4

8. Pourquoi Figaro dit-il : « Vous vous êtes donné la peine de naître, et rien de plus » ?

Doc. 5 Le 14 juillet 1789, le peuple de Paris prend la Bastille (gravure, XVIIIe siècle).
La Bastille est une prison où les Parisiens croyaient trouver des armes et délivrer des prisonniers politiques. Il n'y avait en réalité que sept prisonniers dont quatre faux-monnayeurs et deux fous.

9. Quelles armes les insurgés possèdent-ils ?

10. Que fête-t-on aujourd'hui tous les 14 Juillet ?

Doc. 1 **Un sans-culotte**
(gouache des frères Lesueur, XVIIIe siècle).
Les sans-culottes sont des artisans, des boutiquiers et des ouvriers des villes favorables à la Révolution. Ils sont appelés « sans-culottes » parce qu'ils portent un pantalon, et non pas une culotte bouffante comme les aristocrates.

1. Décris le costume du sans-culotte.

2. Quelles couleurs sont utilisées ? À quoi te font-elles penser ?

Doc. 2 **Des femmes révolutionnaires** **(gravure coloriée, XVIIIe siècle).**
Dans les grandes villes, les femmes des milieux populaires ont largement participé à la Révolution française. Le 5 octobre 1789, les Parisiennes se dirigent vers Versailles pour réclamer du pain et obliger le roi à revenir avec elles à Paris.

3. Quelles armes ces femmes tiennent-elles ?

4. Comment sont-elles habillées ?

5. Où se rendent-elles ?

6. Que veulent-elles obtenir ?

Doc. 3 La prise du palais des Tuileries, le 10 août 1792
(tableau de Jacques Bertaud, XVIIIe siècle).
En avril 1792, la France est entrée en guerre avec l'Autriche et la Prusse. Des sans-culottes et des soldats volontaires prennent d'assaut le palais des Tuileries où réside le roi. Il y eut cinquante morts parmi les défenseurs et près de quatre cents du côté des assaillants.

7. Comment le peintre a-t-il illustré la violence des combats ?

Doc. 4 Maximilien de Robespierre
(tableau d'un anonyme, fin du XVIIIe siècle).
Avocat, député du tiers état en 1789, Robespierre (1758-1794) dirige le pays aux heures les plus sombres de la Révolution. Il réussit à faire reculer les armées ennemies, mais au prix d'une Terreur sanglante. Il est lui-même guillotiné le 28 juillet 1794.

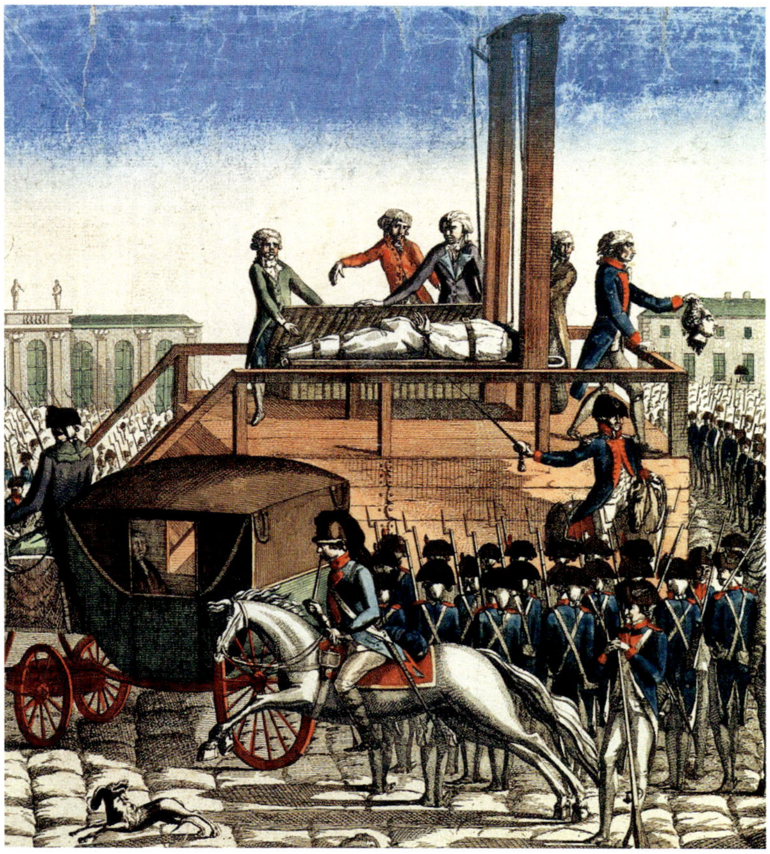

Doc. 5 La mort du roi, le 21 janvier 1793
(estampe, fin du XVIIIe siècle). Durant la période la plus violente de la Révolution (la Terreur, qui s'étend de 1792 à 1794), le roi Louis XVI est exécuté, ainsi que la reine Marie-Antoinette.

8. Cherche le nom d'un célèbre révolutionnaire qu'il fit guillotiner.

9. Comment le roi est-il exécuté ?

10. Explique la présence de soldats autour de l'échafaud.

L'HÉRITAGE DE LA

La Marseillaise

La Marseillaise s'est d'abord appelée *Chant de guerre pour l'armée du Rhin*. Elle a été composée en avril 1792 par le capitaine Rouget de Lisle, à Strasbourg.
Elle est chantée par les volontaires marseillais en 1792, lors de la prise des Tuileries. Chant national en 1795, elle devient l'hymne national de la France en 1879.

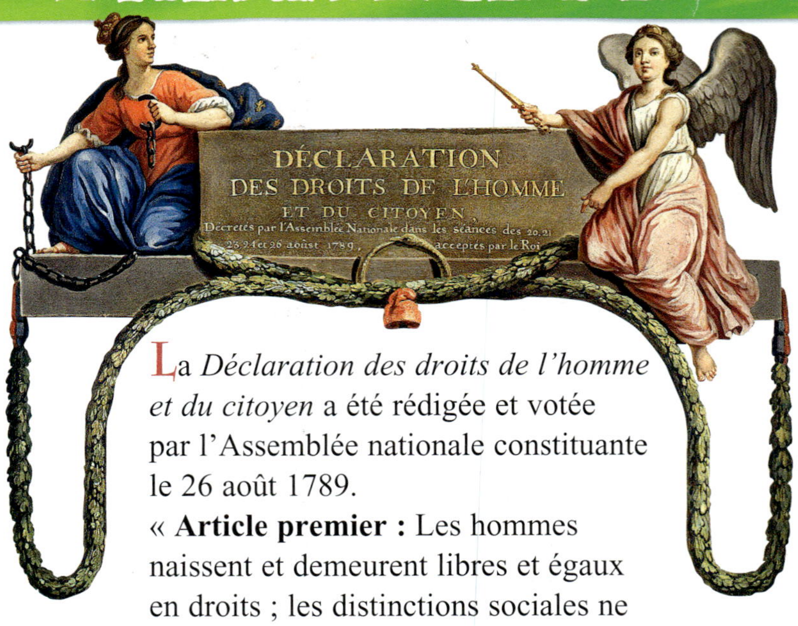

La *Déclaration des droits de l'homme et du citoyen* a été rédigée et votée par l'Assemblée nationale constituante le 26 août 1789.
« **Article premier :** Les hommes naissent et demeurent libres et égaux en droits ; les distinctions sociales ne peuvent être fondées que sur l'utilité commune. »

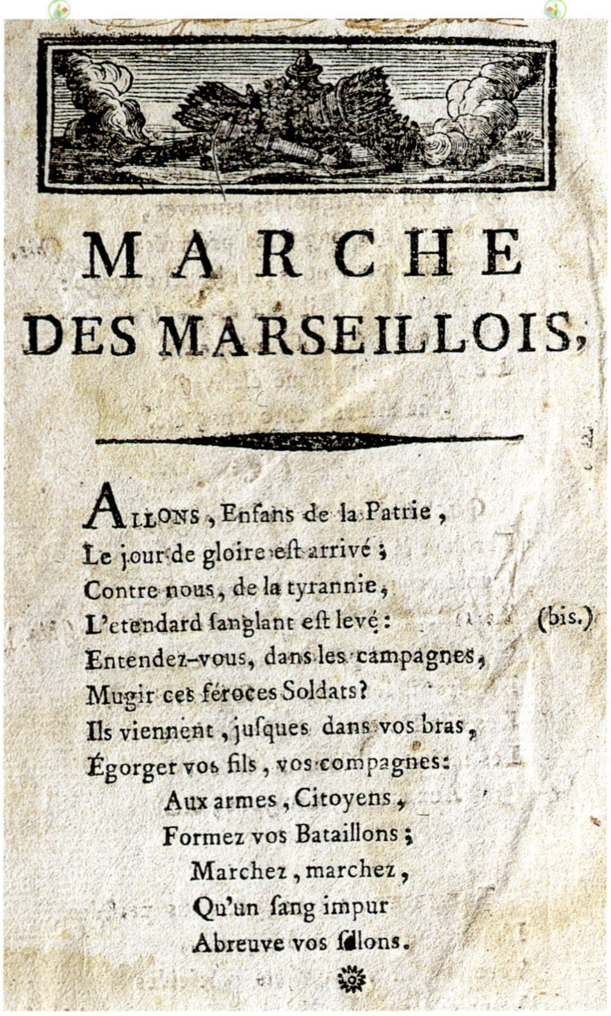

MARCHE
DES MARSEILLOIS,

ALLONS, Enfans de la Patrie,
Le jour de gloire eſt arrivé ;
Contre nous, de la tyrannie,
L'etendard ſanglant eſt levé : (bis.)
Entendez-vous, dans les campagnes,
Mugir ces féroces Soldats?
Ils viennent, juſques dans vos bras,
Égorger vos fils, vos compagnes:
Aux armes, Citoyens,
Formez vos Bataillons ;
Marchez, marchez,
Qu'un ſang impur
Abreuve vos ſillons.

« Marche des Marseillois », 1793-1794.

Le système métrique et l'unification des poids et mesures

Le gramme, le litre, le mètre, mais aussi l'are (unité de surface) et le stère (qui sert à mesurer le bois) sont créés pendant la Révolution et remplacent les anciens poids et mesures.

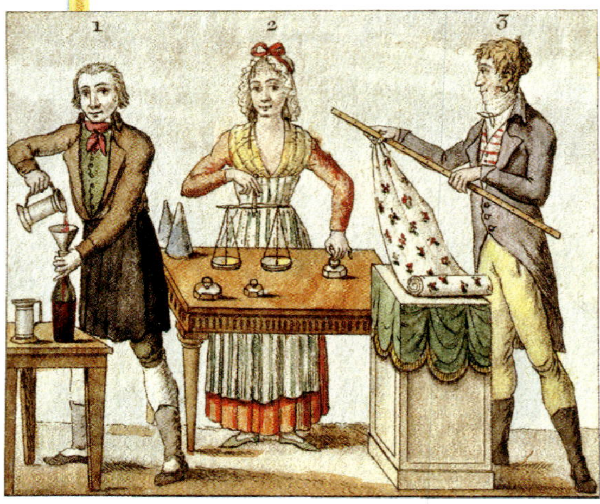

Gravure de Labrousse, 1790.

Les départements

En 1791, les départements sont créés. Ils remplacent les anciennes provinces.

RÉVOLUTION

L'abolition des privilèges

Les privilèges sont abolis dans la nuit du 4 août 1789 par l'Assemblée nationale.

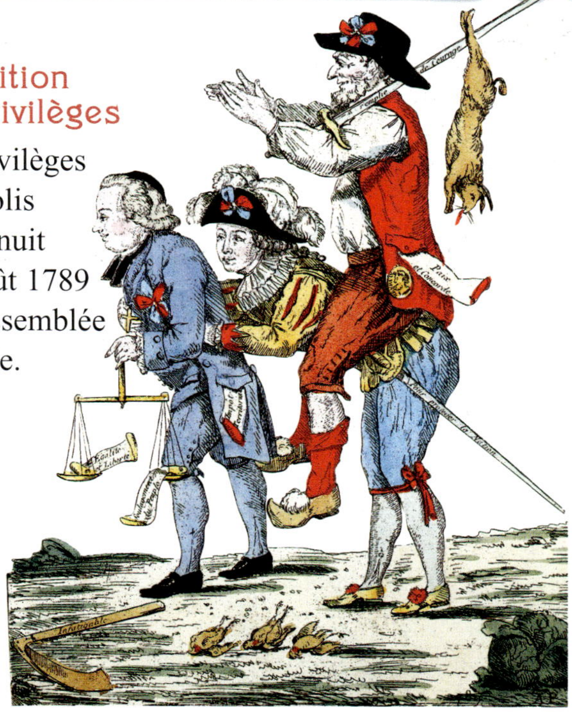

« J' savions bien que nous aurions not' tour » (gravure, XVIIIe siècle).

LEXIQUE

Cahiers de doléances : cahiers dans lesquels les sujets du roi de France peuvent inscrire leurs désirs et réclamations.

États généraux : réunion des représentants des trois ordres du royaume : le clergé, la noblesse et les représentants du peuple (le tiers état).

Nation : ensemble de personnes qui ont en commun une histoire, une langue, une culture et qui ont envie de vivre ensemble.

CARNET DE ROUTE

La Révolution éclate en 1789

Avant 1789, le mécontentement grandit en France. Louis XVI ne fait pas les réformes économiques nécessaires. **L'influence des écrits des philosophes et l'idée de liberté,** qui vient d'Amérique, rendent les privilèges du clergé et de la noblesse de moins en moins acceptables.

Le roi demande à la population de rédiger des **cahiers de doléances** en vue de la réunion des **États généraux**, qui a lieu en mai 1789. Mais il n'annonce aucune réforme. Des Français prennent alors **la Bastille le 14 juillet 1789**. Le roi doit accepter une Constitution : c'est la fin de la monarchie absolue.

La Révolution se prolonge

Le 10 août 1792, le palais des Tuileries est pris par les sans-culottes ; la France devient une **République en septembre 1792**. L'année suivante, le roi est guillotiné.

La France révolutionnaire est en guerre contre toute l'Europe : l'invasion menace. Un gouvernement de « salut public » est mis en place par Robespierre. Il traque les ennemis de la Révolution. Beaucoup de simples suspects sont arrêtés et guillotinés. La France échappe finalement à l'invasion mais **au prix de la Terreur**, de la **guerre civile**, de nombreuses exécutions et de massacres.

Les privilèges sont abolis, l'égalité des citoyens est proclamée, une *Déclaration des droits de l'homme et du citoyen* est rédigée. Le pays est transformé : les départements, un nouveau système de poids et mesures et de nouveaux impôts sont créés.

Des principes nouveaux sont affirmés : **des individus libres et égaux composent la société** ; le pouvoir ne vient plus de Dieu mais de la **Nation**.

Écrire à la manière de...

Je comprends ce qu'est un cahier de doléances

Dans les années qui précèdent la Révolution, le mécontentement grandit dans la société française. Tous les essais de réformes échouent. Le roi finit par réunir les représentants des trois ordres : ce sont les États généraux.

Ouverture des États généraux à Versailles le 5 mai 1789 (tableau d'Auguste Couder, 1789-1793).

Les élections des représentants ont été accompagnées de la rédaction et de la présentation au roi de cahiers de doléances. Les Français ont pu librement exprimer leurs protestations et leurs vœux.

Les doléances concernent le trop grand pouvoir du roi, les abus de la justice et les privilèges accordés à la noblesse et au clergé.

La noblesse jouit de tout, possède tout, et voudrait s'affranchir de tout. Cependant, si la noblesse commande les armées, c'est le tiers état qui les compose ; si la noblesse verse une goutte de sang, le tiers état en répand des ruisseaux. La noblesse vide le trésor royal, le tiers état le remplit. Enfin, le tiers état paie tout et ne jouit de rien.

Extrait du cahier de doléances de la paroisse de Lauris (sénéchaussée d'Aix), janvier 1789.

D'autres doléances dénoncent l'arbitraire des droits féodaux et la lourdeur des impôts dont les paysans demandent la suppression.

De tous les abus qui existent en France, le plus affligeant pour le peuple, c'est la richesse immense, l'oisiveté, les exemptions, le luxe inouï du haut clergé. Ces richesses sont composées en grande partie de la sueur des peuples sur lesquels le clergé perçoit un impôt affreux sous le nom de dîme[1].

Extrait du cahier de doléances de la paroisse de Mirabeau (sénéchaussée d'Aix), janvier 1789.

1. La dîme est un impôt que les paysans doivent verser aux membres du clergé. Il correspond à un dixième des récoltes et de l'élevage.

J'ÉCRIS DES DOLÉANCES

L'HISTOIRE DE MICHEL PICOT

Le tiers état écrasé par les Impôts et les Privilèges (gravure, 1787).

Michel Picot est un paysan, père de cinq enfants. Il est souvent obligé de se passer de souper ou de se contenter de gros pain. Depuis plusieurs années, ses récoltes sont abîmées par le gibier : les perdrix et les pigeons picorent les grains. Il ne peut donc plus payer ses impôts. Juste avant la moisson, les biches, les lapins et les cerfs mangent les épis de blé. Mais la chasse lui est interdite et il ne peut donc pas se débarrasser de ces animaux, sauf en braconnant et en risquant alors d'être puni.
Avec les villageois, il vient d'apprendre par voie d'affichage que « Sa Majesté désire que, des extrémités de son royaume et des habitations les moins connues, chacun fût assuré de faire parvenir jusqu'à elle ses vœux et ses réclamations ».

Avec trois camarades, imaginez quelles doléances vous souhaiteriez écrire au roi à la place de Michel Picot. Rédigez vos doléances puis lisez-les au reste de la classe.

Quelques idées pour vous aider

- Inspirez-vous des textes de la page 58.
- N'oubliez pas que les paysans n'ont pas le droit de chasser : c'est un privilège de la noblesse. Le braconnage leur est aussi interdit.
- Les cahiers de doléances sont des textes qui s'adressent au roi. Certaines tournures doivent être employées :
  - Écrivez vos phrases à la troisième personne du singulier ou à la première personne du pluriel, jamais à la première personne du singulier.
  - Utilisez les synonymes du mot « roi » pour vous adresser à lui.
  - N'oubliez pas de vouvoyer le roi.

LES DATES CLÉS DES

1450 — 1500 — 1550 — 1600

LA RENAISSANCE

Vers 1450
Gutenberg découvre l'imprimerie

1503
Léonard de Vinci : *La Joconde*

1517
Débuts du protestantisme : Luther

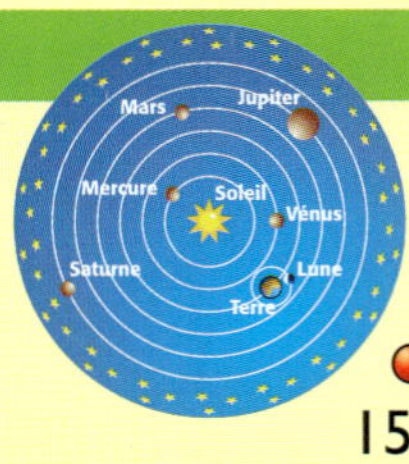

1543
Copernic affirme que la Terre tourne autour du Soleil

1605
Cervantès : *Don Quichotte*

1598
Édit de Nantes

1562 - 1598
Guerres de religion en France

Premiers empires coloniaux

1492
Découverte de l'Amérique par Christophe Colomb

TEMPS MODERNES

1650 — 1700 — 1750 — 1800

1661 - 1715
Règne personnel de Louis XIV

1668
La Glorieuse Révolution en Angleterre : limitation du pouvoir royal

1685
Abrogation de l'édit de Nantes

LES LUMIÈRES

1751
Premier volume de l'*Encyclopédie*
Machine à vapeur de Watt

1776
Déclaration d'indépendance des États-Unis

1783
Indépendance des États-Unis

LES TEMPS MODERNES

RÉVOLUTION FRANÇAISE

1789
Début de la Révolution française

14 juillet 1789
Prise de la Bastille

26 août 1789
Déclaration des droits de l'homme et du citoyen

1792
Première République

1795
Système métrique

PETIT DICTIONNAIRE DES TEMPS MODERNES

C

Cahiers de doléances : cahiers dans lesquels les sujets du roi de France peuvent inscrire leurs désirs et réclamations.

Catholicisme : religion pratiquée par les catholiques. Les catholiques sont des chrétiens.

Colonie : territoire qui dépend d'un État.

Conquistador : mot espagnol qui signifie « conquérant ». Nom donné aux soldats espagnols qui ont conquis l'Amérique au XVIe siècle.

Constitution : règles qui précisent le fonctionnement du gouvernement d'un pays.

Cour : princes et nobles qui entourent le roi à Versailles, qui le flattent et qui participent aux fêtes qu'il organise.

E

Empire colonial : ensemble des territoires conquis par un autre pays et qui en dépendent.

États généraux : réunion des représentants des trois ordres du royaume : le clergé, la noblesse et les représentants du peuple (le tiers état).

Étiquette : ensemble de règles à respecter à la cour du roi.

H

Habsbourg : famille princière ayant régné sur le Saint Empire de 1438 à 1806 et sur l'Autriche de 1278 à 1918.

I

Indigène : celui qui vit là où il est né, celui qui est originaire du pays.

L

Les Lumières : courant de pensée, en Europe, au XVIIIe siècle, pour lequel le progrès est lié à la liberté et à la raison.

M

Monarchie : gouvernement d'un seul (*mono* en grec).

Monarchie absolue : monarchie où le roi exerce un pouvoir sans limites.

N

Nation : ensemble de personnes qui ont en commun une histoire, une langue, une culture et qui ont envie de vivre ensemble.

P

Peste : maladie contagieuse, souvent mortelle, qui se transmet par la puce et le rat. Elle est très fréquente en Europe jusqu'au début du XVIIIe siècle.

Philosophe : vient d'un mot grec qui signifie « ami de la sagesse ». Au XVIIIe siècle, le mot désigne des écrivains qui réfléchissent sur la politique et l'organisation de la société.

Plantation : grande exploitation agricole. Une main-d'œuvre abondante y travaille.

Privilège : du latin *privata lex*, « loi privée ». C'est un avantage donné à une personne ou à un groupe de personnes.

Protestantisme : religion pratiquée par les protestants. Le protestantisme remet en cause l'autorité du pape, auquel obéissent les catholiques. Les protestants sont des chrétiens.

R

Réforme protestante : religion des chrétiens qui ont suivi les réformes de l'Église faites par Luther et Calvin.

Renaissance : courant artistique, littéraire et scientifique né en Italie à la fin du Moyen Âge. Dans le domaine de l'art, la Renaissance s'inspire de l'art antique, grec et romain. Les artistes de la Renaissance créent des formes nouvelles et recherchent la perfection.

S

Souverain : qui ne dépend de personne, d'aucun autre pouvoir.

T

Tolérance : respect des opinions et des croyances des autres.

Traite des esclaves : commerce des esclaves. Il existe plusieurs traites : la traite saharienne vers le monde musulman (depuis le VIIe siècle), la traite atlantique du XVIe au XIXe siècles, la traite d'esclaves européens blancs vers la Méditerranée (XIIe-XIXe siècles).

Crédits photographiques

Garde avant : h. et m. © The Art Archive / Château / Dagli Orti ; **b :** © The Art Archive / musée du Louvre / Dagli Orti. **P. 5 :** © coll. ES / Keystone France / GHFP. **P. 7 :** © The Art Archive / Monastère de la Rabida / Dagli Orti. **P. 8 : h.** © The Art Archive / musée de la Marine / Dagli Orti (A) ; **b.** © photos12.com-Oronoz. **P. 9 : h.** © photos12.com-Oasis ; **b.** © The Art Archive / musée de l'Amérique / Dagli Orti. **P. 10 : h. g.** © photos12.com-Oasis ; **h. d.** © The Art Archive / site / Dagli Orti ; **m.** © Collection Christophel. **P. 11 :** © The Art Archive / académie des Sciences / Dagli Orti. **P. 12 :** © Immagina / Leemage. **P. 13 : h.** © AKG-Images ; **b. g.** © AKG-Images / Schütze / Rodemann ; **b. d.** © Photo SCALA, Florence, 1999. **P. 14 : h.** © Photo Josse ; **b. g.** © Electa / Leemage ; **b. d.** © cartographie Hachette Éducation. **P. 15 : h.** © Rue des Archives ; **b.** © Photo SCALA, Florence, 1990. **P. 16 : h. d.** © Bruno Morandi / Robert Harding World Imagery / Getty Images ; **b. g.** © Bridgeman / Giraudon ; **b. m.** © Bridgeman / Giraudon ; **b. d.** © Rue des Archives / The Granger Collection N.Y.C. **P. 17 :** © Photo SCALA, Florence, 1990. **P. 19 : h. d.** © AKG-Images / Erich Lessing ; **b. g.** © Photo Josse. **P. 20 : h.** © Crédit@ Rue des Archives ; **b.** © Bridgeman / Giraudon. **P. 21 : h.** © The Art Archive / Bibliothèque publique et universitaire / Dagli Orti ; **b.** © The Art Archive / musée cantonal des Beaux-Arts / Dagli Orti. **P. 22 : h.** © *Belles Histoires de France*, 1949, Ozouf et Leterrier, illustration ; **b.** © centre historique des Archives Nationales, Paris, France / Lauros / Giraudon/ The Bridgeman Art Library. **P. 23 :** © Photo Josse. **P. 24 : h.** © BNF ; **b.** © Rue des Archives / The Granger Collection N.Y.C. **P. 25 :** © The Art Archive / musée national d'Anthropologie / Dagli Orti. **P. 27 : h.** © PrismaArchivo / Leemage ; **b.** © Altitude / Yann Arthus-Bertrand. **P. 28 :** © Bridgeman / Giraudon. **P. 29 : h.** © Bridgeman / Giraudon ; **b.** © Selva / Leemage ; **P. 30 : h.** © Massimo Listri / Corbis ; **b. g.** © Costa / Leemage ; **b. d.** © Agnès Varda, Agence Enguerrand Bernard. **P. 31 :** © coll. ES / Keystone / GHFP. **P. 33 : b. g.** © The Art Archive / musée du Louvre / Dagli Orti (A) ; **b. d.** © Photo Josse. **P. 34 : h.** © photos12.com – ARJ. **P. 35 : h.** © photos12.com – ARJ ; **b.** © BNF. **P. 36 : h.** © P. Cheuva PHOT'R / Service audiovisuel de la mairie de Lille ; **b.** © Photothèque Hachette Livre. **P. 37 :** © GAMMA / Raphaëlle Gaillarde. **P. 39 : h. g.** © Photothèque Hachette Livre ; **h. d.** © Photo Josse. **P. 40 :** © BPK. **P. 41 : h. g.** © AKG-Images ; **m. d.** © Rue des Archives / The Granger Collection N.Y.C. ; **b. g.** © Rue des Archives / The Granger Collection N.Y.C. **P. 42 : h. g.** © AKG-Images / Erich Lessing ; **m. g.** © The Art Archive / Château / Dagli Orti ; **m. d.** © The Art Archive / musée de l'Hospice Comtesse / Dagli Orti ; **b. g.** © Rue des Archives / The Granger Collection ; **b. d.** © AKG-Images. **P. 44 :** © Photo RMN / Hervé Lewandowski. **P. 47 : h. d.** © Photo Josse ; **b.** © Rue des Archives / The Granger Collection N.Y.C. **P. 48 : h. g.** © Rue des Archives / The Granger Collection N.Y.C. ; **h. d.** © Rue des Archives / PVDE ; **b.** Rue des Archives / The Granger Collection N.Y.C. **P. 49 :** © Photo Josse. **P. 50 :** © Robert Llewellyn / IMAGESTATE / GHFP. **P. 52 : b. g.** © Photo Josse ; **b. d.** © BNF. **P. 53 : h.** Archives départementales de la Charente-Maritime, Cote : C267 ; **b.** © The Art Archive / musée Carnavalet / Dagli Orti. **P. 54 : h. d.** © Bridgeman / Giraudon ; **b.** © The Art Archive / musée Carnavalet / Cabinet des Estampes / Dagli Orti. **P. 55 : h.** © Photo Josse ; **b. g.** © The Art Archive / musée Carnavalet / Dagli Orti (A) ; **b. d.** The Art Archive / musée Carnavalet / Cabinet des Estampes / Dagli Orti. **P. 56 : h. d.** © The Art Archive / musée Carnavalet / Dagli Orti ; **b. g.** © The Art Archive / musée de la Révolution française / Dagli Orti ; **b. d.** © The Art Archive / musée Carnavalet / Dagli Orti. **P. 57 :** © Photo Josse. **P. 58 :** © photos12.com – ARJ / musée national du château de Versailles. **P. 59 :** AKG-Images / Erich Lessing. **P. 60 :** Gutenberg, © Bridgeman / Giraudon ; Léonard de Vinci, © Photo Josse ; système de Copernic, © cartographie Hachette Éducation ; Cervantès, © Rue des Archives / The Granger Collection N.Y.C. **P. 61 :** Louis XIV, © Prisma Archivo / Leemage. **Garde arrière : h.** The Art Archive / musée des Beaux-Arts / Dagli Orti ; **m. et b.** © Photo Josse.

Crédits textes

P. 24 : Journal du premier voyage de Christophe Colomb, « Les civilisations précolombiennes » in *La Documentation photographique* n° 5323, La Documentation française, 1972.

Achevé d'imprimer en France par Loire Offset Titoulet
Dépôt légal : Avril 2015 - Collection n° 74 - Édition 10
11/7336/8